U0831368

水西·书系
SHUIXI SHUXI

一个人是千万人的出发点

教师最当有情怀

育人的柔性智慧

吴志翔 著

山西出版传媒集团　山西教育出版社

图书在版编目（CIP）数据

教师最当有情怀 ：育人的柔性智慧 / 吴志翔著. —
太原 ：山西教育出版社，2022. 3（2022. 7 重印）
ISBN 978-7-5703-2230-5

Ⅰ. ①教… Ⅱ. ①吴… Ⅲ. ①中学教育—教育研究—
文集 Ⅳ. ①G632. 0-53

中国版本图书馆 CIP 数据核字（2022）第 035908 号

教师最当有情怀 育人的柔性智慧
JIAOSHI ZUIDANG YOU QINGHUAI YUREN DE ROUXING ZHIHUI

责任编辑 李龙飞
复 审 刘继安
终 审 康 健
装帧设计 崔文娟 郭俊杰
印装监制 蔡 洁

出版发行 山西出版传媒集团 · 山西教育出版社
（太原市水西门街馒头巷 7 号 电话：0351-4729801 邮编：030002）
印 装 山西基因包装印刷科技股份有限公司
开 本 720mm×1020mm 1/16
印 张 15. 5
字 数 221 千字
版 次 2022 年 5 月第 1 版 2022 年 7 月山西第 5 次印刷
书 号 ISBN 978-7-5703-2230-5
定 价 58. 00 元

我们的身上，都是时间的印记（代序）

我看到阳光洒在地上，一寸寸移动，似绵延的生命之流。

不同的时间刻度，总会呈现不同的意义，带给人不一般的心理暗示。

所以在岁华更迭之际，暂时摒除世间喧嚣，用带点感性的笔触，安静地回看来时路，展望新风景，也未尝不是一种享受。

基丁老师说："及时行乐啊！"

苏东坡说："时于此间，得少佳趣。"

都在说"未来已来"。人工智能、大数据、云计算……给我们的生活带来颠覆性的改变。教育也必然因风起舞，有关AI将消灭教师职业之类的预言时时刮过耳畔。但我们并没有真的感到紧张，因为动物有本能，AI有智能，而人，有智慧，有情怀。

我们知道AI无法代替人与人之间的情感交流，我们的肉身不会只是一个笨拙的负累，更是一个想象力和灵性盘旋飞翔的原址。

生命直觉和冲创之力已经在亿万年壮丽的进化历程中积淀在DNA的深处，其密码不可能轻易被破解。

所以我们追求最独特的高阶思维，我们培养不可机械复制的核心素养，我们要让审美能力成为属人的本质属性。

我们不认为教育的一切都是逻辑可以解决的，不认为一个人的成长是可以被算法控制的，我们相信万物皆有缝隙，而光从那里进来。

我不知道你们是谁。也许是教师，也许不是。但我相信，你的人生一定曾经或正在与教育缠绕在一起。教育带给你成功，教育也带给你疼痛。教育是第一次戴上红领巾时的懵懂，教育是长大成人后还会半夜惊醒的梦。教育不仅与学校老师同学有关，教育更是一个又一个在无垠场域发生的事件，是唤醒的艺术和陪伴的智慧，是一场接一场永远没有止境的约会。

教育问题从来没有像今天这样受到重视，因此也从来没有像今天这样承受着重压。

当媒体上大量的头条和微博微信上最热的话题都与教育有关时，我们的内心其实有些悲凉。因为集体无意识般的过度的教育冲动似乎冲决了理性的堤坝。

但我们也还是相信在教育理念上正本清源的必要性。我们相信即使蹚过了一道道浑水，但脚上的鞋子依然干净清白。一位校长说的教育当“保持善良、保持努力”的话时时激荡着我的心。

这是真的，一个人的成长是比所谓的成功更重要的事，对一个人的成全也是比所谓的成功更重要的事。成长和成全是没有指标，也不可能有指标的，它们像沧海一样浩大丰富，而分数和成绩只是无垠海面上几个若隐若现的小浮标。

我们将一直追问：

我们能否成为给孩子一生幸福奠基的人？

我们怎样力避让教育成为一个摧残人、伤害人，让孩子在沉重的课业和心理压力下喘不过气的痛苦过程？

我们有没有真正属意于培养具有创新能力并且学会独立思考的人？有没有把一些充满灵动才华和想象力的人改造成满足他人期望（主要是升学）的平庸之辈？

我们有没有迁就一些即时的、短暂的功利性需求，却漠视和遗忘了一个人的长远发展和生命的本真需求？

我们是否真正明白要用远远超越一个课堂、一个学期以至几年在校时间的目光、从终身发展的视野、从整个人生的立场，去看待教育的意义？

我们是否能把握好“教育面向未来”与“现在就要幸福”之间的平衡？

当我们走得越来越远时，是否还记得我们为什么出发？

未来，我仍然是一个教育的观察家和体验师，将继续走自己的平凡之路。

依然热爱文字。在世界图像化、镜像化、碎片化，文字似乎越来越失宠的时代，我珍视它带来的那份宁静的美感。有人说，文字最可贵之处，在于它是一种不完美的工具。因其不完美，我们的心智还有活跃的动力，我们的想象还有施展的空间。也许纸媒乃至字媒都将式微以至于消亡，就像哈代《远离尘嚣》笔下那个游走在乡村的老手工艺人。但我还是相信：成为你，就是写出属于自己的句子。我要让每一粒米找到饥饿的嘴巴，让每一个文字找到渴望理解和慰藉的心灵。我知道，所谓孤独，无非是想说什么却找不到一句话，而一句话又找不到一丝回响。

依然热爱教育。教育永远是最具责任感的人所从事的事业，真正的热爱会让这份事业变得无法舍弃。司马迁受刑以后，在给朋友任安的信里花了不少篇幅解释自己为什么甘愿忍辱偷生，这一句话震烁千古："恨私心有所不尽！"这里面有多大的使命担当，有多么深沉的史家绝唱。我会呐喊，虽然有时候不知向谁呐喊，这样的呐喊会显得可笑；但哪怕只是呢喃，哪怕没有多少回音，也要顽强地显示自己的存在。

教育是喜欢安静的。守着书窗和一拨拨学生，望着窗台上清雅的米兰，然后慢慢变老，这何尝不是一件浪漫的事？守望是平静而长久的，守望也是有温度、有距离的。

教育是讲究长情的。两千年前的经典，今后依旧常温常新。经过岁月的沉淀，时光的淘洗，心灵的优选，会有最美的师者和最美的篇章。教育是朴素的，当然会有理念、形式、载体的变迁和创新，但感染、浸润、启发、激励、唤醒、守望……这个最基本的内核不会变，就像几乎所有的物理学大师，都会有一块自己的小黑板。教育是朴素的，需要超越时代最表层的浮华，回归到自己的本真状态。教育就是当浮泛的泡沫一个个破灭之后，留下来的那一池春水。

更重要的是，依然热爱生活。生活比文字大，生活比教育大。我们需要把教育放在更大的生活场域、更大的时空视野中来看。我们不应该把教育之事、教育之理放在狭小的石臼里，捣得稀烂，这只会让教育的逻辑变得越来越怪异，越来越无解。我们尤其不应该让只知追逐分数的"教育"覆盖生活自身的意义，如凡高所言："如果生活中不再有某种无限的、深刻的、真实的东西，我将不再眷恋人间。"

《三体》里面的一句话令我反复咂摸："给岁月以文明，而不是给文明以岁月。"

而我总是说，不要让教育变成生活，要让生活变成教育！

美剧《摩登家庭》中，男主菲尔有一回不小心惹恼了妻子，让妻子以为菲尔对她的看法和想法完全不在意，从而大为抓狂。菲尔后来拿出一本相册，翻动一张张从年轻时候一路过来的照片给妻子看：最早他是留着辫子的另类青年，因为她不喜欢，剪了；他原来是戴着羽毛耳环的，因为她不认可，摘了；还有，他原来的专业，他最初的志向……最后他说了这么一番话：

“你是那个拯救了我的女巫。你不能说我不在乎你的意见，你用上百种方式使我变得更好。我也许错过了一本书或一份沙拉，但我的身上都是你的印记。”

是的，我们的身上都是在乎的人所留下的印记。是谁在让我们变得更好？

当然，我们都需要多一分耐心，给在乎的人，给教育，也给自己。

我们主张破除教育的功利桎梏。我们认为教育应释放无限的创造力。我们要让教育散发出生命的气息。我们把教育即生长当成一个真正的课题。我们呼唤教育和师者的自省自觉。我们力求在可行与可能的缝隙中寻觅更为合理、更为科学、更具包容性的育人模式。我们要努力推动从狭义的学校教育到终身教育的转变；从应试教育向素质教育的转变；从以师为本、课堂中心向以生为本、学习中心的转变；从选择学生、漠视差异、整齐划一到给学生选择、面向全体、因材施教的转变……

向心目中美好教育趋近的过程，将持续终身。

我们柔软，同时我们有执着的价值核心；

我们妥协，但我们也相信坚持的力量；

我们反思，而一切反思其实都有锋芒；

我们成全，正是在成全中孕育着真正的成长和成功。

这不仅仅是出于教育的责任，不仅仅是育人的艺术，这更是生活的智慧。哪怕每一点智慧的碎屑，都是生活在我们身上留下的瘢痕，是时间带给我们的印记。

感谢每一个你。

感谢生活里所有的阴霾和阳光。

感谢时间的沧海，让我们一起在场。

目 录

我们的身上，都是时间的印记（代序） 001

成全篇：柔软的教育

美好教育的三重境界 003
沉浸生活并完善自我 005
教育更追求看不见的成功 008
用后知后觉的心态做教育 011
我更爱你“备受摧残”的面容 014
愿你我拥有“矿石般的耐心” 016
教育理想不是易碎品 019
让我们成为“心灵捕手” 022
好教师好在哪里？ 025
幸福：从境遇到境界 027
用赏花的心情去面对孩子 029
教师最当有情怀 031
火树银花处不必有我 033
诗和远方，就在脚下 036
每一天都在堆砌属于自己的人生 038
成为一名真正“懂儿童”的人 041
教师要有对于课堂的“主场感” 044
远路不须愁日暮 048
老师的责任感，如静水深流 052

守望篇：曲线的美学

不以毫厘之进退，看待万里征程 057
舍得·懂得·值得 061
“小欢喜”背后的忧患 067
家长好好学习，孩子天天向上 071
守望的距离 077
我愿意等上一辈子的时间 079
《曾国藩家书》的教育之道 082
做个有点钝感的家长 086
教育的优美曲线 089
童稚化思维 092
那些鱼儿，那些花儿 095
摆脱偏执的心魔
——谈谈傅雷先生的家教 098
母爱是一种本能，更是一种本领 102
最好的教育者是“暖男” 105
谁在注视着深渊 108
时间都去哪儿了 111
接纳比赏识更重要 114
今天的痛苦换不来明天的幸福 117
重要的话，只说一遍 120
育人如一场圆舞 123
成长远远大于成功 125
给孩子一片信任的天空 128
我们能让孩子自然醒吗？ 131
我曾经历荒凉，也曾听那松涛 134

境遇篇：穿越湍流区

有时候不妨对考试脱敏 139
渴求完美，但绝不苛求 141
知识不再“新”时才真正属于你 143
保住一块兴趣的“自留地” 145
有一位朋友名叫兴趣 148
这点自卑是上帝送给人类的礼物 150
你们其实分享着同样的荣辱与悲欢 152
“自我悲情化”的天地很小 154
哪怕声音颤抖，也请勇敢表达 156
从改变你的身体语言做起 159
别害怕想象中的失败 161
人生的孤岛上没有成功 163
让淡淡的“喜欢”成为内心的“欢喜” 164
树不必对风生气 166
独立性是一种精神的品质 168
给父母写信说出心中的苦 170
试着去理解妈妈的焦虑 172
不妨把亲人看成“陌生人” 174
请站到“欢乐树”的前面 178
让真实世界的魅力吸引自己 180
人生就是“向死而生”的过程 182
境界是在现实中“磨”出来的 183
美好的信念贵比黄金 185

美文篇：生命在生长

不是我们在读书，而是书在“读”我们 191
作文其实是生命的眺望 194
美丽的规则 197
生命中的第一页 199
光脚走进阅览室 201
生命中的两万天该留点什么 202
羞愧与骄傲 205
疼痛的抚摸 207
优等生的自卑 209
敬畏如同永恒的星空 211
人性的掌声 213
放弃是一件最容易的事 215
我与外语的错乱恋情 218
我们这个时代的感动 221
幸福的尺寸 224
一生中最重要的约会 227
那些闪亮的青春碎屑 230
寄一束阳光给你 233

成全篇：

柔软的教育

东风无一事，妆出万重花。

——[清]张惠言《水调歌头》

美好教育的三重境界

教育其实一直在寻求人与人之间的一种理解和成全。美好的教育需要“看见”，需要懂得，需要用一颗心感受另一颗心，需要放下不自觉的偏执和成见。美好的教育是柔软的，美善的教育效果几乎都是曲折（间接、延宕、反复）实现的。

美好教育的第一重境界：“吹面不寒杨柳风”——施以适度的压力。

柔软绝不意味着没有压力，人都是在一定的压力环境下长大的，适度的压力可以让人产生动力，保持兴奋度，并在克服压力和应对挑战之后获得真正的满足感。批评也是施加压力的一种方式。批评的方式有“棒喝式”的，有“泰山压顶式”的，但总体而言，批评时僵硬、生气、失控、崩溃的样子是最无效的，因为它让学生直接看到了你的“无能”和“失败”。马卡连柯说，能用15种到20种声调说同一句话（如“到这儿来”）才算好教师，而且声调要保持柔和、轻快。美国学者艾伯特·梅拉比安发现，信息传递的总效果=7%的语言+38%的声音+55%的体态语言，这也就是说，一挥手、一瞪眼、一皱眉，其破坏性（或者警示性），要远远大于说的内容。所以，不要让“寒冷”的态度背叛了你想要传递给孩子的正面的信息！有时候，你以为自己的“敲打”是一种激励，但孩子从你失望无奈的表情和语气里得到的信息却是嫌弃和放弃。

美好教育的第二重境界：“千万春风好抬举”——给予精准的赏识。

心理学家詹姆斯说：“人生中最深切的禀质，乃是被人赏识的渴望。”这几乎已经成为教育者的一种共识，即赏识可以是“自我实现”的，也就是说，当教师持续地夸赞一个孩子行，孩子“不行也行”；不断地说孩子不行，孩子竟会“行也不行”。但赞赏也是有艺术的，那种老好人式的、泛泛的夸赞，其实是颇为廉价的，未必能入孩子的心，有时候还会有副作用。比如有一个男孩，有一次球打得并不好，但妈妈激情洋溢地当众夸他“真棒”，孩子反而觉得妈妈让他在同伴面前丢脸了。知名德育教师郑英曾经总结了一些奖励和赏识孩子的方法，其中有“变换花样—常换常新”“反向奖励—寓贬于褒”“悄然奖励—秘而不宣”“精神熏陶—无痕濡染”等。每一缕抬举的“春风”，都要让被吹拂者感觉自己是独特的，是真正被重视的，是啜饮到“那一滴神奇的蜜”的幸运者，从而形成具有长久“续航”能力的自我激励。

美好教育的第三重境界：“东风无一事，妆出万重花”——让生命自身成为目的。

教育是需要柔性智慧的，这种柔性智慧要超越立场式思维、多反思和内省精神，用一种包容性、圆融式的思维，体察到孩子的需求，照拂到孩子的心理，涓滴渗透式地、润物无声式地促进孩子自我生长。如前所说，教育是柔软的，柔软意味着身段的柔、言语的和、手段的软。柔软似水，意味着接纳、包容、浸润、融化、滋养，这才是真正的“化育”。柔软的对立面，是生硬，是驱迫，是强摁，是灌输，它们与教育本义背道而驰，即便有着冠冕堂皇的理由，对于每一个鲜活的生命来说，这么做也是缺乏智慧、善意和美感的，有着过于强烈的“私意”。教育与美学之间有着天然的亲缘，育人之道，追求的是尽善尽美，实现的是一种如康德所说的“无目的的合目的性”。教育是没什么私意的，教育是要让人活出自身的极限，让每一个生命都得到尽情的绽放。教育就是要追求“东风无一事，妆出万重花”这样的审美境界。

沉浸生活并完善自我

谁也不曾料到，2020 年新春的序幕居然拉开得这般沉重而悲壮。肆虐的新冠疫情打乱了一个国家的节奏，停滞了亿万国人的脚步，让数千人失去了生命，让数万病患辗转于病床，也让无数最美“逆行者”、生命“守望者”付出了巨大的、可敬的牺牲。在这个过程中我们经历了太多的感伤，太多的感动，也得到了太多的感悟。那些交织着泪水和希望，身负创痛和坚忍的时刻，注定将长久地留驻在国人的心灵深处。

我一直说，不要让狭义的教育（其实不过是教学）成为生活的全部，而是要让正在经历的生活成为广义的教育。在抗击新冠疫情的这些日子里，我们面对的就是一个巨大的情景课堂，从这片几乎全体民众都被卷入或主动参与的场域，我们理解了爱的伟大，懂得了生命的可贵，领会了敬畏的价值；我们见证着什么是守望相助，什么是人类命运共同体，什么是勇敢和无私，什么是最神圣的奉献和牺牲……那一个个奔赴前线的动人身影，那一个个感人故事，都让我们在经受了疫情残酷的同时，也一次次温习了人性的温暖美丽。

最好的教育是沉浸生活的教育，也是全息式的自我教育。如果生活是一道道“考题”，我们不能热衷于给孩子们出“题”，却让自己置身“题”外。所有的教育人，不能总想着让学生们在经历这次新冠疫情时获得情感和认知上的脱胎换骨，我们自己也深深地沉浸其中，必当有所反思，毕竟只有自己改变和长进了，教育才会向着更美好的方向前行。

我们应该告诉自己和孩子：

一场灾难是一次危机，同时意味着转机。我们永远都不会感谢灾难，即便它给我们留下了丰厚的精神遗产。苦难永远都不应该被美学化、抒情化，哪怕它确实有可能催生出许多有正面价值的东西。但是，谁也不能否认，在过去抗击疫情的这段时间里，我们仍然体验到了一种崇高感。崇高感总是伴随着痛感。当人面对令人畏惧的异己力量时，会产生一种被压倒的窒息般的感觉，我们感到血肉之躯多么软弱，我们在大自然面前所有的自以为是和狂妄自大都成了讽刺—— 但是，我们最终没有被压倒，我们克服了困难，顽强站立，在迸发的热泪里，人性之光熠熠生辉。每个人都应如弗罗姆所说的那样：“把生活中的困难、挫折和不幸视为只要克服它便会成为强者的一场挑战，而不是视为应对我们发生的惩罚。”

我们应该告诉自己和孩子：

爱是可以彼此浸润、互相滋养的。从此次中国全社会的默契和团结中，也能领悟到中华民族何以能够生生不息，绵延不绝，何以能够成为这个星球上唯一拥有从未中断的古老文明的国度。灾难以它自己的方式在塑造我们的国家形象，锻造我们的民族性格，在我们整个民族的文化心理河床上沉淀一些东西。我们也在重新审视自己，甚至是在重新认识和发现自己。原来坚强的人也都在哭泣，原来冷漠的人也都在心痛。原来我们的同胞并不冷血，原来我们的内心如此柔软而又坚强，原来所有以为无可救药的痼疾都还有痊愈的希望。我们流露的是同样的眼神，淌出的是同样的泪水，奉献的是同样的心意，释放的是同样的情感。

我们应该告诉自己和孩子：

在付出了沉痛的代价以后，我们懂得，要礼赞生命，感恩他人。“哪里有什么岁月静好，不过是有人替你负重前行。”众志成城的概念、民胞物与的概念、大爱无疆的概念从来没有像现在这么深入人心。我们因医护人员、社区工作者、志愿者以及无数普通民众的付出而感动，众多穿珠成链的爱心行动背后，是晨光熹微中一份静静绽放的悲悯情怀。我们相信，逝者将枕着亲人的爱好好安眠，生者将怀着同胞的爱奋力前行。我们懂得，要敬畏自然，内敛欲望。古语说灾难发生是因“昊天不惠”“天地不仁”，其实自然法则本就冰冷，是人自身需要承担起该有的责任。在大自然面前，任何的张狂和骄横都显得无知可笑。人很强大，也很脆弱，维护好生态既是生存之本也是发展之道。我们必须痛定思痛，在危机中反思我们的一些思维定式和浮躁行为。我们还懂得，要在危机事件中学会理性思考，学会独立判断，学会宽容多元。或许我们也曾慷慨激昂，高歌盛宴开场，但我们对于自身的境遇要有清晰的判断。我们应该慢慢成熟，应该摒弃浮华，拒绝膨胀，吸纳更为广谱的色泽，形成我们更具兼容性和包容力的生命基调。

教育本就不可能独立于生活、外在于生活，让我们把握好当下情景，与“生活世界”深度融合，多维度拓展，多自我反思，努力孕育生长出一片开阔、美好的精神空间。

教育更追求看不见的成功

我一直认为，教育者是要有一种洞察力的，对自己工作的价值要有深刻的认识。某种标准化意义上的“成功”，诸如培养了多少学生升入北大清华、班上学生的成绩排到了什么名次之类，固然是衡量教育工作的一个维度，但这个维度太单一、太刻板、太表面、太苍白了，远远不足以囊括教育活动的丰富性和价值上的“弹性”。我更愿意把教育的目的归结为追求一种“成全”。

成功所对应的往往是一个人所取得的成就，体现为财富、地位、权力、荣耀等，它们是显性的，是为他人所渴望的；成全则不然，它更多的是指生命个体通过充分的生长而获得自我实现，得到自我完满，它符合的是人之为人的内在要求，其价值不需要他人的授予，而是自我负责的。所以说“成功”招来的往往是“羡慕、嫉妒、恨”，而“成全”内蕴的则是“自由、创造、爱”。

教育追求生命的成全，其实就是追求一种看不见的成功。

正确的教育价值观，跟科学的政绩观有相似之处。习近平总书记指出：“要牢固树立正确政绩观，既要做让老百姓看得见、摸得着、得实惠的实事，也要做为后人做铺垫、打基础、利长远的好事，既要做显功，也要做潜功，不计较个人功名，追求人民群众的好口碑、历史沉淀之后真正的评价。”他把这种境界称为“功成不必在我”。相形之下，教育作为一项以立德树人为第一要旨的事业，更应该学会“做铺垫、打基础、利长远”，更应该懂得做“潜功”，更应该追求一个人的终身发展、人格完善、自我实现。

看得见的是分数，看不见的是悄然生长的能力。

看得见的是排名，看不见的是背后付出的努力。

看得见的是证书，看不见的是内心里涌动着的探究的兴趣和激情。

看得见的是学业上的骄傲，看不见的是即使卑微也依然葆有的善良。

看得见的是名校金字招牌的荣耀，看不见的是哪怕被轻视却终于找到自己生命出路的那份欣喜。

看得见的是功成名就、花团锦簇，看不见的是一个生命在寂寞孤独中面对各种命题时的隐忍和坚持……

诗人说，苔花如米小，也学牡丹开。可是苔花为什么要学牡丹开呢？听上去很励志，其实挺别扭。苔花不必去追求牡丹那种傲人的“成功”，做好自己就是一种“成全”。所以我一直认为，袁枚这首诗中，最值得人们去欣赏和推重的，其实是前面两句：“白日不到处，青春恰自来。”即使阳光那般悭吝，即便全世界都没看见，不要紧的，对任何一个生命来说，只要绽放出那片小小的绿意，也就拥有了整个春天。

教育者是不急着采摘枝头的果实的，他也许还远远没到看见果实，他知道教育是面向未来的，所以只是耐心做铺垫、打基础、做潜功，“功成不必在我”。如果幼儿教育急着想看到成果，如果小学教育急着要看到成功，如果中学教育急着要……那倒有可能揠苗助长、竭泽而渔，等到真正要快成功的时候，才发现潜能已耗光，兴趣已泯灭，探究的内在欲望和攀向高阶思维的可能都已消磨在题海之中，丢弃在追逐分数名次的窄门之外。教育者常说要为孩子的终身发展、为他们一生的幸福奠基，就是要做铺垫、打基础、做潜功，做无数看不见的事情，不是做给别人看，不是做给家长看，不是做给领导看。

一部电影《起跑线》把许多国人的内心搅动得乱云飞渡，里面那对新富人执着地追求优质教育资源，把它看成了人生的“起跑线”，却完全忽视了那些看不见的东西：孩子自己最真切的内在需求和感受。包括家长和老师在内的教育者常常会犯这样的错误，都想把最好的东西无私地给孩子，却把最自私的期望加到孩子头上。那点尽量给孩子提供最好条件的无私，也许根本无法与那些期望给孩子带来的压力相匹配。

想到了另一部印度电影《三傻大闹宝莱坞》，剧中讲了两种人，两种人生，一种是为了探索发现，为了自己饱满的激情，遵循自己的内心去学习真知，那是兰彻（以及受其影响和点化的另两个“傻瓜”）的人生；另一种是为了分数，机械地去记诵，应付考试，为了混一个所谓的好前程，那是查尔图的人生。两人进行了一场对决，以十年之期，看谁更成功。兰彻认为，只要你投身于自己爱的事业，成功自然会来。十年后，查尔图貌似成功了，成了美国大公司副总裁，兰彻则是一所小学的教师，但其实兰彻是一个拥有400项专利的科学家，查尔图想觍着脸去奉迎也够不着的人。兰彻无疑更成功，真正的成功。但我其实一直不认为这样的PK是合理的，因为人与人之间未必需要那些看得见的外部标识来证明谁更成功。即便兰彻只是一个普通教师，没有400项专利，没有科学家的光环，他也是成功的。

洞察教育本质的人应该认识到，教育的成功也许不需要那种显性的证明。教育的成功，是自证，是心证。

用后知后觉的心态做教育

当我们回望自己的人生时，常常会发出一种“觉今是而昨非”的慨叹，想到从前一些懵懂莽撞的想法做法，蓦然之间会羞愧难当，仿佛当年心智的某个角落长着厚茧，无论如何也没法做到通透。更通俗的说法，就是忽然惊觉自己的“笨”。这种“笨”并不是脑子不好使，思维能力不够，而是缺乏自我观照、自我反思所致。

对于绝大多数人来说，认识到自己的“无知”，恰是有了长进的表现。所以“无知”不是愚蠢，从不觉得自己曾经“无知”过、从来不认为现在也还有可能“无知”的，才是愚蠢。古人曾云：“圣人忘情，最下不及情；情之所钟，正在我辈。”我辈绝不敢自奉为先知先觉的“圣人”，也不甘心做无知无觉的“最下”，只能做后知而后觉的“钟于教育者”。

用后知后觉的心态做教育，才会心有敬畏。

罗素曾说，人生而无知，但并不愚蠢，是教育使人愚蠢。无论我们怎么自我开解“教师就是一份职业”，教育人身上沉甸甸的责任都是无法轻易解构掉的。教育的理论层出不穷，各种教育的“实验”“创新”也是花样繁多，但是置身于具体的教育情境，面对身心特点不同、成长环境迥异、教情学情复杂的学生，每一位教师都无法套用什么现成的理论或照搬某个做法去削足适履，更不能顺着自己的本能去简单应对。

教育几乎就是一场与自己本能的搏斗。本能让我们自以为是，让我们“眼里揉不得沙子”，让我们“刀子心刀子嘴”，让我们沉迷于唠叨和控制，让我们热爱直线、追求快速、效率至上、直抵目标，让我们痛恨“等待”和“未完成”状态，让我们喜欢顺服甚至逼人屈服，让我们更愿意相信自己的眼睛和判断……即便我们学习过很多的理论，接触过大量的案例，我们仍然必须认识到自己很可能是无知的。这跟专业自信是两回事。在每一个教育的现场，我们都是“无知”的摸索者，需要放下一些“想当然”的成见。比如，我们可能习惯于认为，人的成长是一条直线，哪怕是曲线，也是向上的曲线，但认知科学却告诉我们，也有可能是一个U形，青少年对于面部表情的解读能力竟然比10岁儿童还要弱！比如，我们的“常识”笃信，聪明的孩子接受能力更强也更快，但其实聪明人的心智需要经历一个更长的发育窗口，所以他们也许更需要“等待”……教育者面对的是一个个正在成长的生命，生命是复杂的，教育当然也不可能像加工一件产品那样“一切尽在掌控”。

教育人需要用一颗充满尊严和谦卑的心去对待这份事业。在教育的世界里，我们谁都不拥有全知全能的“上帝视角”，没有看得清未来的女巫的“水晶球”，只能用一种后知后觉的态度去面对孩子，因为生命没有可以替代的B方案，成长是条单程线，永远没有撤回键。所以我们“不要用秤来衡量你的未知的珍宝，也不要用杖竿和响带去探测你知识的深浅。因为自我乃是一个无边的海”。（纪伯伦）

用后知后觉的心态做教育，才会在反思中进步。

有一位语文教师在回顾自己二十年的教学生涯时写道，因为一个偶然的契机，才陡然间意识到自己从来没有真正理解“教育的本质不在于传授本领，而在于激励、唤醒和鼓舞”这句话的含义，而这句话他无数次读到过，也是经常挂在嘴边的。此前他上课时总是陶醉于滔滔不绝的“讲”，觉得自己在循序渐进、逐层深入，从字词句段篇引向不同侧重点，情感朗读、写法引导，向人生感悟延伸……每次讲完都等不及让学生提出问题和作答，“因为怕学生说不好，白白浪费时间”。直到有一次他让一位学生讲了30分钟的“养蚕”，他震惊地发现那竟是他从教以来课堂气氛最好的30分钟。他感叹于“我的课堂已不再是我的课堂”，而经由这样的课堂，他领悟到什么才是真正的“唤醒”，什么才是真正的“浪费”。

苏格拉底有句名言：“未经反思的人生不值一过。”我们在教育生活里，需要偶尔驻足回望，需要把自我客观化加以审视，需要一定程度的“陌生化”

或“间离效果”，需要“入乎其中”更需要“出乎其外”。每经历一次这种有质量的反观或反思，都如蝉蜕一层皮，心智上就少一层隔膜，如此才会“磨”出一点点真正的智慧，磨得一分便明白一分，磨得一厘便通达一厘。但凡持有此心，教师即便不是质美之玉，终究也不是千古不化的顽石，而是一块经过琢磨之后能放出光华的璞玉。

用后知后觉的心态做教育，才能拥抱未来。

我们现存的“知”大多是既往经验的积累，这样的经验无疑是宝贵的，它们都经过了岁月和心灵的优选，沉积在时间的河床上。但我们也必须看到，在今天这么一个飞速发展的时代（哲学家认为这个世界上“物理本体论”已经让位于“电子本体论”），我们固有的认知框架已然陈旧，而教育又是最需要面向未知、面向未来的事业，正如漫画家蔡志忠所说，每个小孩都是要住在明天的屋子，因为今天没有能力造屋，所以，包括父母在内的教育者需要做的只是“尽力拉开弓，帮助箭实现梦想”。在一个机器越来越智能，变得像人的时代，我们绝不能把人像机器一样去教。

我们只能后知后觉。凯文·凯利在《必然》一书中写道，我们发明新事物的速度已经超出了“教化”这些新事物的速度。每个人必须要随时保持维护和升级，否则积累起来的变化就会大到带来“创伤”级别的干扰。的确，我们前所未有地感受到世界和未来的“不确定性”，也常常会产生“不适感”。事实上，每个人的成长与其说是通过确定性营造的安全感实现的，不如说是由不确定性带来的不适感驱动的。后知后觉，就是拥抱“不确定性”和“不适感”的态度，也是拥抱未来的一个姿态。

我更爱你“备受摧残”的面容

“与你那时的面貌相比，我更爱你现在备受摧残的面容。”十多年前，当我第一次读到玛格丽特·杜拉斯名作《情人》中这句被广为引用的话时，内心被莫名地打动了。那时候我的理解当然是肤浅的，只是觉得这句话透出一种特殊的韵味，它所营造出来的意境也很优美。今天我想把这句话写给教师，因为我觉得，从事教师这个职业的人正是这样，在经历了种种不足为外人所称道的苦涩辛酸和喜悦之后，你会比年轻的时候更美。

我曾经说过，只有经历过挣扎的生命，才能写出真正熨帖人心的作品。所有让我心弦震颤的东西，总是因为它里面所蕴含着的深沉的况味——就像檀香一般绵长，而且自我节制。每个人都在自己的人生道路上经历各种各样的故事，都会有众人前的欢笑和独自流淌的泪水。白岩松说，“没有哪一代的青春是容易的”，同样，没有哪一条人生路是不需要承受任何负累的。但我却深深地意识到，每一位优秀教师的成长，都必定经过更多挣扎之后的自我超越，更多反思之后的破茧成蝶，更多“摧残”之后的从容淡定。

前几天，我在赠送给两位教师的著作的扉页上写了两句话，一句是“步态从容，最美笑容”，另一句是“教育的沉香，来自生命的积淀”。你也许曾经情绪激越、锐气逼人，把个性的张扬看成自我的识别码，但随着岁月的流逝，开始磨洗掉年轻时候的嚣张和浮躁，逐渐地认识到，你必须让渡自我的一部分，匀给别人，尤其是你的学生。无论面对怎样的境遇，有两个字总在你的心头盈动，那就是：“我懂。”从容的不仅仅是步态，更有心态。而这样的心态来自挣扎和摧残。没有挣扎就不会有痕迹，没有摧残就不会有积淀。一个人唯有所沉淀，才不会任自己的灵性之光在昏暗中慢慢熄灭，才不会容忍让自己的生命过得越来越粗糙，越来越潦草。

亲爱的老师，请不必为锋芒消隐而遗憾，也不必为又添华发而伤感，每一道皱纹、每一根白发都可能意味着德行的升华和智性的进展。

你懂得了节制。不再以为把话说尽就是有气场，不再以为咬牙切齿、痛心疾首放狠话能够收到好的教育效果，你知道适当的时候要把自己看得卑微，你知道需要把握好收敛与释放之间的分寸、批评与赏识之间的平衡，你知道唯有自我克制的态度才是一位成熟教师应有的风度。

你懂得了包容。不再把某位学生的缺点实在难以容忍当作自己厌烦和发火的借口，你知道优点其实是不需要你去包容的，你只会是欣赏和赞美，而包容的价值在什么时候得到体现？就在你觉得忍无可忍之时。就像面对一个孩子，乖巧可爱时连一个陌生人都会忍不住去逗弄，可只有母亲，才会在他吵闹哭啼到令人崩溃时还依然保持着她似乎取之不竭的耐心。师恩与母爱的伟大，恰恰体现在这样的时刻。

你懂得了从容。不再被一些过于外在的目标所牵引或羁绊，尽管会有各种各样的干扰，会有形形色色的诱惑，但你最为珍视的就是教书育人本身的快乐，这样的快乐很难被替代，也不可被剥夺。而你呈现出来的那份从容，那份和煦，也必将烛照和浸润别人的生命。我中学时遇见过的一位永远笑对学生的斯姓老师、我采访过的有着儒雅之气的徐承楠老师、我偶然相识的有着人文情怀的杨明明老师……虽然我从来无缘听过他们的一堂课，有的甚至未曾记住名字，但是他们身上所表现出的那份从容，那份和煦，至今依然令我感到温暖。

所谓成熟的爱与美，就是懂得了包容，目光里有内容；就是步态心态都从容，有着天底下最美的笑容。没错，与光鲜靓丽、还来不及反思和沉淀的面貌相比，我更爱你“备受摧残”的面容。

愿你我拥有 “矿石般的耐心”

教育之事是最能给人成就感的，所以孟子把“得天下英才而教育之”视为“君子三乐”之一。但一个人在从事教育的过程中又是最容易品尝到挫败感的，因为教育者面前的对象未必都是“英才”，在品德上懂得择其善者而从之，在学业上懂得举一隅而以三隅反的人，不如想象的多。我想，绝大多数孩子的受教和成长历程，除了带给我们几多欣慰以外，恐怕还多少有一些精神上的“折磨”。我仿佛记得“56 号教室”的那位全美最佳教师雷夫曾谈到过，当他第 N 遍试图纠正学生的错误而无效时，也会濒临抓狂的边缘。

我真正对教育之难有所体会是在有了亲自教子的经验之后。当得知孩子行为规范上有失当之处，当看到他学习时总是难以专注，当注意到他经过多次提醒可做事仍然磨蹭拖拉，当发现他竟然连最“简单”的左右方位都分不清楚……我的怒气就会勃然而发，情绪几乎失控。更可气的是，尽管我的语气越来越峻急脸色越来越难看，他却还是一脸无辜地看着我，完全不明白为什么身旁的“气压”陡然变得异常起来。

只是面对一个有着血肉联系的亲子，一个还不会反唇相讥、不会用叛逆眼神回击我的稚子，我的情绪就被激得不稳定起来，可以想见，当一位教师面对数十位学生，其中有迟迟不开窍、屡屡不改过的后进生或“刺头儿”，会经受怎样的煎熬！我以前曾说“高明的老师不生气”，如今看来说得多么轻巧多么便宜。好老师，也许真的需要如马尔克斯《霍乱时期的爱情》里那个阿里萨一般，有着“矿石般的耐心”——任何一种矿石的形成，都需要亿万年的时光。阿里云的创始人王坚院士有一次讲“数据的沉淀”这个概念时也说过，十亿年前的一棵树倒下去，没有人知道它会变成一块矿石。教育人一定要相信这一点：有些变化的发生，远远在你我的控制之外。

也正是这番教子的经验，让我更深刻地领会到教育就是一场自我的修行。这场修行需要我们汰除本性中一些粗陋的杂质，要让思维变得更加圆融，要让情感变得更加温润，要让心态变得更加平和。也就是说，要真正教育好孩子，一定得让自己变得更好才行。我们不能试图用一种斩钉截铁的态度去“修改”一个人，用一种灌输的姿态去“塑造”一个人，用一种机械的手段去“加工”一个人。可能这是真的，“直男癌”和“女汉子”都不太适合当老师。教育应该与霸道和压制无缘，与强势或强硬无关。面对孩子，我们只能尽可能地用科学和艺术的方式去引导，去影响，去唤醒。只能是用一棵树摇动另一棵树，一朵云推动另一朵云，一个灵魂唤醒另一个灵魂。这些已被说滥了的词语和句子，唯在自己有了体验以后才算鲜活起来，沦肌浃髓。

教育，不囿于一定之规。比如，亲子之间或师生之间，除了师长引领着孩子往前走之外，可以有面对面的沟通交流，可以有肩并肩的同向前行，也可以有背靠背的相依互信。这些都是可以的，但最要不得的是着急，以及因着急而产生的过度控制。从某种意义上说，家长和教师在育人方面所有那些企图修改、塑造、加工孩子以及由此获得的痛苦的经验，都是旺盛的控制欲发作的结果。

着急和焦虑折磨着我们也摧残着孩子。因为着急，我们就会毫不犹豫地驱迫孩子变“乖”，令其行为完全符合我们的期待；就会代替孩子做决定，强行“扳正”他们的兴趣爱好；会牢牢攥住孩子的小手，使他们失去自我选择和独立解决问题的机会；就会根本做不到“不愤不启，不悱不发”，也不会尊重“教育是慢的艺术”，完全忽略思维过程，完全无视试错的价值，只想要一个结果，一个正确的结果，如果迟迟得不到结果，会恨不得代为“抢答”，恨不得把正确答案直接植入其大脑……

不要过度控制。对孩子不要步步紧逼，不要严防死守。不要自诩啥都知道，不要得意于所谓的明察秋毫，全天候全方位 360 度无死角地监控，只会让孩子觉得一切都密不透风，喘不过气来。在心里有谱的前提下，不是所有的谎言都要戳穿，不是所有的错误都要惩罚，不是所有的细节都要追究到底，我们需要给孩子一个容错空间。不要动辄念“紧箍咒”，唐僧虽然因此把孙悟空牢牢地控制住了，但悟空那时头上的痛和心里的恨是多么强烈！但凡有一丝缝隙，半点漏洞，他必叛逆。当孩子想要挣扎想要逃遁，开始斗智斗勇时，最牢靠的东西也就变得最危险了。一个人没有自主的空间，就谈不上真正的成长。

教育家刘道玉说，中国的教育要摒弃“塑造”的理念，发扬“成长”的理念。塑造这个行为中有太强的控制感。教育之“育”，包含着自我生长的意味。

漫画家蔡志忠说，儿女是箭，父母是弓，弓的责任是帮助箭，去箭要去的地方。师长是帮助而非代替孩子去实现他们的价值。

新教育探索者李希贵说，教育是帮助学生找到属于自己的道路。所以他办教育不是“加工”孩子，而是要发现并唤醒孩子的潜能，让每一个孩子最终成为他自己……

教育者啊，无论你是家长还是教师，都请摆脱自己过剩的控制欲，放松心态，学着像魏书生那样做到“松、静、匀、乐”。面对孩子时，少一些疾言厉色，多一些暖心嘉语；少一些正面强攻，多一些迂回包抄；少一些近距狙击，多一些远程遥感。这更是我对自己的要求。我觉得教育之事，不必有“只争朝夕”的匆忙和着急，而当有顾炎武诗句“远路不须愁日暮”所透露出的那份从容气度。

教育理想不是易碎品

无论任何时代，拥抱理想都是一种美好的愿望。无论任何行业，树立理想都是一个积极的态度。虽然据说人容易高估自己所处时代的特殊性，也爱夸大自己所从事行业的价值，但有一点是确信无疑的，即今天的教育唯有在远大教育理想的召唤和引领下，方能走得更远，走得更笃定，走得更坚实。

教育现代化之路从不平坦，我们正是在破解一个个难题的过程中，使教育逐渐发展成为一项强国家、兴经济、惠民生的事业。经费困窘、校舍破旧、师资不稳、城乡差距等问题我们都一一面对，巨大的努力烙刻在“柯桥实验”“开化精神”“安居工程”“四项工程”“领雁工程”等一批看似简单的名称之上。减负难题、择校困局、课改实践……也仍在考验着我们把事业推向新高度的勇气和智慧。在教育走向现代化的道路上，如果没有远大教育理想的支撑，思想会有涣散之虞，精神会有懈怠之忧，我们有可能被困在半途。昔梁启超曾谓：“时势造英雄，英雄亦造时势。”我们今天这一代教育工作者倒未必需要什么英雄情结，但渴望造就崭新时势的理想情怀则绝不可少。有许多事情也许是我们无法决定的，但用怎样的态度去面对则完全出于自主。置身于一条不乏荆棘的改革路上，勇猛精进或能闯出一片生天，退缩萎靡则必将陷于困顿的僵局。

毫无疑问，远大的教育理想不是凭空确立的，真正的理想总是建立在对现实的深刻理解基础之上的。当我们谈论理想时，现实并没有被搁置，相反它已经被预埋为我们全部思考的基础。

但同时也必须认识到，理解现实并不意味着迁就现实，俯就现实，似乎我们只能匍匐于现实境况的逻辑之下，纠缠于眼前利害的计较当中，龟缩于自我保全的掩体里面，瞻前顾后，畏葸不前，自甘无为。教育不是一个自组织系统，我们不应该无条件接受各利益方折冲樽俎所形成的格局；教育是一种公益事业，我们必须介入其中加以规范和引导。具体到校园之内甚至课堂之内的情况也是如此。今天的教育比过去有了长足的进步，但其现状中还有很多扭曲的东西、缺失的东西、偏畸的东西。那些扭曲、缺失、偏畸，无不需要我们加以校正、补偿和平衡——而这么做的准绳和坐标就是那远大的教育理想：办面向所有学生的教育，办使学生全面而个性发展的教育，办让每一名学生都能享受快乐和走向成功的教育。正是在这个意义上，远大教育理想的可贵之处才得到彰显，因了这种理想，我们才会有壮士断腕的决心和魄力，才会有逆水行舟的力量和勇气。

树立远大教育理想，我们应有责任的担当。古人有云："重担子须是硬着脊梁骨方担荷得去!"（朱熹）这是一种中国知识分子素来推重的弘毅精神。教育的事情，丝丝缕缕都与人民群众的切身诉求相关，身为教育人，我们需要有一种责任担当、舍我其谁的境界，需要一种草木本心、何求人折的气度，需要一种不迁怒、不诿过的胸怀，哪怕吃遍辛苦、受尽委屈，也要勉力做好自己的职分。每一位有所成就的教育工作者，必具超拔众人的器识、志在百年的规模和宠辱不惊的气象。

我们还需要善于做出是非的决断和抉择。教育的问题往往是错综复杂的，剪不断，理还乱，一些痼疾久治不去，有的弊病积重难返，往往会令我们产生畏难怕烦的情绪，或者索性任其惯性蔓延。面对它们，我们不能畏首畏尾、患得患失，而是需要克服"退缩""琐屑""敷衍""颟顸"等习性，摆脱"举一而遗二，见寸而昧尺"的短见，识大体、明优劣，做出合乎多数人利益的正确的判断和选择。坦率地说，现在不少人面对教育中一些明显有违公平公正、有悖教育规律、有损学生健康成长的事情，虽然心里也会有点纠结，但往往还是半推半就或者"顺其自然"了，"但求苟安无过，不求振作有为"（曾国藩）。至于对一些恶劣的倾向推波助澜的，那就更加要不得了。

远大教育理想与个人价值实现也是紧密联系在一起的。对于教师来说，教育理想不是托诸空言的陈词滥调。有了远大理想才会有先进理念，有了先进理念才会有最佳的实践效能，先事后得，先难后获。此外，一些教师经常感到职业倦怠，能给他们持续提供动力的只能是教书育人的理想。“心无力者，谓之庸人”（龚自珍），没有价值感的支撑，教育也就成了只为稻粱谋的工具，年复一年，心力匮乏而日渐平庸。有的教师则把注意力和重心放在一己收入的多寡上，似乎个人生活的“中产”就是一个终极目标，甚至因此牢骚太盛，怪话连篇。其实，正如一位校长所言：幸福感是分层次的，要打破教师小富即安、守成知足这种浅层次的幸福感，教师应经过自身努力使潜能得到最高度的发挥，从用心培育成才的学生那儿见证自己独一无二的价值，在这一过程中涌现出来的成功感和幸福感才是无与伦比的。

“居高声自远”，只要我们能担当责任，明断是非，实现价值，高远的教育理想就将在心里落地生根，不会轻易破碎。

让我们成为 “心灵捕手”

有一次在接受某媒体采访时被问道：“如果你有孩子，你会送他（她）哪本书作为终身收藏?”我的回答几乎不假思索：“很薄的一本小册子：弗罗姆《爱的艺术》。”没有一个人的成长是容易的，人生道路表面上的顺坦也无法保证他必能轻松穿越心灵的湍流和迷雾，我希望每一个孩子在成长的过程中，尤其是当他的内心充满失落，当他行走在痛苦与伤害的边缘，当嫉妒、仇恨、暴戾等人性缺陷的疯狂烈焰烤灼着高贵理性的时候，他能够逐渐地理解那些看上去好似寻常的话语：“爱主要是给予而不是接受……正是在给予的行为中，我体验到我的力量、我的财富、我的能力。”“爱还包含着关心、责任、尊重、认识。”在我看来，一切指标性的成功都没什么意义，让自己的人生走在正确的道路上，让自己的心情哪怕在最糟糕的境遇里也能保持清澈明亮，才是最值得珍视的成功。

近日，当我从网上看到安徽合肥一高中女生因为拒绝同龄男生陶某求爱而惨遭毁容的报道后，弗罗姆书中的那些话语就不期然地浮现于脑际。因为所谓的求爱被拒绝，陶某竟然用汽油将对方烧成重伤，真不知在他心目中，爱情究竟为何物？生命又为何物？恶毒的念头和残忍的举动就这样以爱的名义去戕害另一个令他充满渴欲的生命个体。没错，盘踞在他心头的只是一种极端自私的占有欲，随着占有欲望的受挫滋生发酵起来的是一种毁灭的欲望。从这起悲剧中我看到了生命教育的缺失——如果没有学会尊重每一个生命的存在权利，就无法恰当地评估自己行为的可怕后果；我也看到了人格教育的失败——我一直强调，我们这个社会的话语场中有一种貌似正确其实大谬不然的对于所谓“个性”的误读，以为张扬个性就是永远都把“我”的需求放在第一位，其实鼓励这样的个性只会造成人格的残疾：为什么有的孩子平常看上去都很乖，而在某个特定境遇里却充满了乖戾、暴力的冲动？因为过于自我的个性只认一个逻辑，那就是顺我意者我会很乖，逆我意者我会很残忍。

不久前，发生在杭州某宾馆里的另一起悲剧令人唏嘘不已。一对大学生恋人之间因为女生要出国留学、男生要“冰封爱情”而发生争执，男生对女生下了重手。女生受创死亡。他们之间的 QQ 聊天记录显示了争执的强度，有一次男生表面上接受了女生的选择，但紧跟着的一句话令人悚然：“如果有一天，你说的都没有实现，那我一定会很残忍。”从其所言所行可知，这是一个有着严重人格问题的人。

什么样的人格才健全？心理学家会有很多描述，其实我们不妨简而言之。如弗罗姆所说的那样，一个懂得给予爱，懂得爱包含着关心、责任、尊重、认识的人才是健全的人。对于今天的“独一代”来说，非常重要的一点是必须学会在乎和尊重别人的感受，不能唯我独尊，不把自己视为世界的中心。不少“独一代”孩子人格上的畸形，与其说是源自道德上的缺陷，不如说是来自认知上的偏差。他们只是无法建立起一种真正的同情心、同理心，无法真切地体察别人的感受进而调整自己偏执的思维方式和行为模式，无法找到人与人之间适宜正当的相处之道。

从某种意义上说，人格教育就是要让一个人从自我中心主义中摆脱出来，就是要让他获得一个看待自己的新的视角，并且因为自我地位的改变而对他人多一些理解和容让，学会谦卑、敬畏、自制、分享，等等。有人说，好妈妈胜过好老师，听上去挺有道理，但其实在我看来，再好的妈妈也无法取代教师的角色，因为从本质上说妈妈是“我”的一部分，或者说“我”是妈妈的一部分，两者之间是深度依恋关系，妈妈给孩子的爱是无条件的，孩子对于妈妈的索取也可以是无止境的，耽溺于母子情深关系的孩子无法建立起与他人正常交往相处的心理模型，他会想当然地认为自己在面对任何人时都可以随心所欲，从而成为一个自私却把它视为天经地义的人。妈妈不是孩子的“他者”，教师和孩子的同伴才是对其心理发育无比重要的“他者”，透过这些“他者”的折射，他才会逐渐认识到：自己得到任何东西包括赞赏都不可能是予取予求的，而是有条件的，他有可能会因为自己的举动受到老师批评、受到同伴疏远。教师当然首先要悦纳每一个孩子，但绝不是对其所有品行都照单全收，否则也就谈不上什么“养成教育”了。教师是帮助孩子的自我从其母体中分离出来、从与妈妈的深度依恋关系中解脱出来的一个必不可少的新的权威。这个以“他者”面目出现的权威的存在，可以有效地校正孩子人格发展的偏差，让他们的“自我”与外界相融合、相适应。所以，一些人把老师看成妈妈兼保姆，这虽然是对教师有爱心的一种褒扬，但其实是有所偏颇的。

电影《心灵捕手》中，少年威尔虽然才华横溢，但人格偏执性情邪僻，很有可能往自我毁灭的方向发展，心理学教授西恩帮助他打开心结找到自我，据我看来最重要的一点就是让威尔认识到了这个世界的不完美、自己的不完美以及所爱者的不完美，我们不能因为这种不完美而选择自我封闭或者逃避对所爱者的趋近，其实我们爱上的正是不完美。如此，西恩帮威尔建立起了一种正常的现实感，威尔才懂得了什么叫作现实中的爱，它与旁征博引的、纸面上的、空想的爱不是一回事儿——现实中的爱需要一个人勇敢地去面对不完美甚至残缺。想要“冰封爱情”？这恰恰是对“爱”这个字眼的亵渎。

但愿教育者都能成为每一个孩子的“心灵捕手”。但愿每一个孩子都能明白爱的真谛。

好教师好在哪里？

“好教师到底好在哪里？”这是一个困惑了我多年的老问题。偶尔有机会遇见名师，我就会暗暗评估他们的“好”。我总期待从他们嘴里听到一些振聋发聩的高论，但这样的期望往往落空，因为他们不太会滔滔不绝、气势如虹地言说，以满足所谓的“口腔快感”，他们似乎更喜欢安静地倾听，即便发言也多是言简意赅，语调平和。我也会去翻看一些受到学生喜爱和教师同行推崇的名师的文章，读来读去也未见得能发现什么大快心意的华彩锦句，以至于会冒出“不过如此”这样的妄念。

慢慢地才有了点感觉：教师不是演说家，教师也不是作家；教师尤其不是那种只知道从“我”出发进行独白式宣讲的拙劣演说家，不是那种从精致的自我表达中收获心理满足的自恋型作家。教师就是教师。教师在面向学生的教学过程中，很多时候是“无我”的，他们必须把中心的地位让给学生，把主角的机会留给学生。他们必须打破大多数人都有的“我执的迷障”。被这样的迷障所笼罩，人就会不自觉地屏蔽掉来自外界的信息，拒斥各种既有观念里不愿接纳的东西，心智就难免会变得狭隘、封闭、僵涩。

所以，通过最初步的接触，我们也许就可以大体上判断什么样的教师是优秀的，或者判断他（她）是否有成为优秀教师的潜质。与只会喋喋不休的人相比，懂得倾听、适时安静的老师更有机会成为好教师。人们都承认教师会说，但其实未得教育真味的老师会“说”，而一位炉火纯青的老师则是“会”说。一位好教师不会允许自己摆出一副无比高明的架势，以一种永远正确的姿态单向输出话语，让自己的学生淹没在自己那片密集的语流里。他知道话与话之间（或者放大一点说，在课堂里）是要留白的，那是引导思考的时间，是诱发想象的空间，与反思和自省的机会，是唤醒教育自觉的时刻。他明白，无效的言说有时候比不言说还要坏，因为对于言说方式的厌倦容易令孩子们泯灭原本可能极其旺盛的知识渴求欲望。只要站在讲台上的教师还没有打破“我执的迷障”，没有真正尊重从学生出发的诉求，甚至连理解他们的欲望都没有，那么“生本”“自主学习”之类就都是空话。

我以前形成的“好教师模板”具有“强势”的特征，现在发现大谬不然。真正的好教师可能恰恰是懂得示弱的，具体的做法可以五花八门，但万变不离其宗的是要让孩子自己去尽可能多地体验成功感、成就感，哪怕教师自己一次次沦为背景也乐在其中。知心姐姐卢勤就是这么一位懂得示弱的母亲，她的观点是“‘弱’妈妈教出‘强’孩子”。师生之间又何尝不是如此？一定程度上说，教师追求强势其实就是追求控制学生的快乐、追求自我表达甚至自我表演的快乐。我不否认讲台上强势的教师也不乏魅力，但让学生成为听众观众（哪怕是多少也获得了一些欣赏愉悦的听众观众）并不能令他们真正“学”到什么，至于让他们沦为道具就更加悲哀了。

“你觉得呢？”“是不是？”“不知道大家是否同意……”这是不少教师习用的口头禅。有人开玩笑说，用这类相对“弱势”的口头禅的教师更有可能成为好教师。事实上，透过话语方式（如果不是完全有口无心的话）也的确可以看出一个人的思维方式。好教师应该形成换位思考和在适当的时候主动把判断权力交给对方的习惯。记得梁漱溟自传里写过一个故事：小时候他在玩耍时丢了一串铜钱，于是乎就大吵大闹，说是别人拿了。后来父亲在院子的桃树枝上发现了这串铜钱。接下来他是怎么做的呢？父亲没有终于逮住理似的加以强势的斥责，也没有喊他去树边看，只是写了一段话让梁漱溟自己看，并不作声，纸上大略是：“一小儿在桃树下玩耍，偶将一小串钱挂于树枝而忘之。到处向人寻问，吵闹不休。次日，其父亲打扫庭院，见钱悬于树上，乃指示之。小儿始自知其糊涂。”梁漱溟跑去拿了铜钱，心生惭意。他对这么一桩小事到年老还记忆深刻，可见其父之小小举动的教育意义何等深远。

好教师到底好在哪里？好在肯让渡自我，好在能摒弃独断，好在远离独白，好在尊重学生，好在善于倾听，好在“松、静、匀、乐”（魏书生），好在思维包容，好在时时反思，好在多留余地，好在心智灵动……我没有资格评判教师的好坏，只能希望用这种“盲人摸象”式的描述来接近我心目中关于好教师的定义。

幸福：从境遇到境界

能与一些心灵纯粹的教师坐在一起谈论有关幸福的话题，这本身就构成了幸福感的基础，即无论经历着怎样繁杂琐碎的事情，我们毕竟还有这样的心境和余裕来打量自己的生存状态，来反思自己的工作和生活态度。这样的打量和反思，其实就是给我们的心灵世界扩容，能使我们以一种饱满的情绪去面对各种各样的挑战，用一个博大的胸襟去接纳和消化所有的烦恼。

人是镶嵌于自己所投身其中的事业或职业的，角色塑造性格，很多时候我们的爱恨都来自教育这一份经营他人心灵因此必定也是经营自己心灵的事业。无可否认，教师不是一个轻松的行当。经常看到新闻，有教师因为承受不住过大的压力而做出了最糟糕的选择。在我的理解里，清贫的生活并没有那么可怕，忙碌的生活也不至于把人逼到绝路，在经济窘迫而且不得不日夜操劳的境遇里，也可以把日子过得热气腾腾——这并非是未经世事经不起推敲的空话。可怕的是什么？是在清贫和忙碌中感受不到信念的力量、希望的召唤和爱的鼓舞，于是，日常工作和生活中的点滴不如意都会成为所谓“不幸福”的注脚。

幸福虽然是一种心灵体验，很多时候诉诸个人的感觉，但我并不太认可那种遗世而独立、离群而索居的幸福。教师的工作和生活状态都注定了他们幸福感的获得不是靠清虚无为的、坐禅式的个体修行，他们所享受的不会是什么“清福”。也就是说，我们可以因为有高境界而感到幸福，但那境界却必须扎扎实实地建立在现实具体的境遇之上。我一直很欣赏王阳明的一句话，“人须在事上磨”。正是在忙碌中，正是在操劳中，正是在偶尔会感受到的疲累中，幸福之花才可能真正绽放。

尼采曾提出人一生中的“精神三变”，并用三种动物来表示人生中的这三个阶段：从骆驼到狮子再到婴儿。骆驼忍辱负重，愿意承担种种艰难困苦；狮子充满了攫取的意志和主宰的力量；婴儿则是一派天真，心灵自由。相应地，我们的幸福体验也呈现出这样的阶段性。年轻教师的精神正在从骆驼“变”为狮子的途中，多承担些事情、多吃点苦头从这种意义上说是正常的，蓄势而上才会有幸福的可能。美学家朱光潜先生有一句名言：“朝抵抗力最大的路径走。”他认为抵抗力小的路径最能迎合人的惰性，只有走抵抗力最大的路才能克服惰性，最大限度地激发潜能，走向成功，实现价值。

有教师提出“低头找幸福”的说法，我认为“低头”不仅意味着一种知足的心态，同时也象征了一种埋头苦干的状态。还有的教师提出“回头找幸福”，这也是深谙人生三昧的观点。没错，幸福感往往是在回望过去的奋斗历程时才变得分外强烈的，曾经苦不堪言的泥泞中的挣扎都已变作最美好的回忆，成为一个人最值得珍视的“贴身之物”。而面对当下的生活，我们其实还需要有一种“抬头找幸福”的姿态。抬头看到什么？看到星空，看到永不缺席的信念，看到光大恒在的希望，看到绵绵不绝的爱。总之，从现实的境遇出发，不断克服障碍实现自我的超越（“精神三变”），才能令我们持续地向着幸福的境界趋近。

用赏花的心情去面对孩子

每次面对灾难的时候，人性总会迸发出温煦的光芒。我们的心会变得坚强，而“坚强是柔软下的茧”。在“生命”的边际我们体会到了人的脆弱、无助，以及在绝望中展现出的悲悯情怀和人性力量。极端的境遇往往是促使人文精神疯狂滋长的肥沃土壤。

其实，在看似平庸的日常生活里，个体的生命何尝不是一种需要倍加珍惜和呵护的存在？可是很多时候，我们却宁愿让自己的心灵被单调却又疲累的生活侵蚀得斑驳而粗糙。前段时间，我曾被人问起：你怎样看待某小学教师课堂上骂学生的录音被上传网络这件事？当时我无从判断，因为我不认为其中的对与错、是与非有那么斩钉截铁，我也不认为面对这种事情简单地选择一个“立场”就行了。立场式思维总是显得偏执。为教师抱屈？理解其苦衷？因被偷录心寒？还是愤怒责备——冲着以粗暴方式对待孩子的教师，也冲着拿“潜伏思维”教唆孩子的家长？都有一点，但并不是我全部的态度。而且，无论是负气、委屈、抱怨还是愤怒，全都是生命中的负能量，它们无法帮助我们走向真善美之境，因此尽量离它们远一点。

事情已过去一段时间了，喧嚣也渐渐平息，再来看那所谓的“录音门”（其实类似的事在别的时间、别的地方都发生过），却有几句话浮现于脑际，这是对教师说的话。

第一句话是：如果你感到别扭，那么孩子也一定不会舒服。

很多人都有这样的体验，当你用一种比较别扭的姿势去抱孩子的时候，不仅你自己很吃力，而且孩子也一点不买账，一点不领情，甚至你越吃力孩子哭闹得越厉害。你可能感到郁闷，我都累成这样了，孩子怎么还辜负我一片苦心？那位教师之所以痛骂不止，其中就有委屈突然爆发的成分。其实对她来说更重要的是，一定要选择一个让自己感到舒适的教书育人的姿势。教师也需要自问“幸福了吗”，只有自己感到工作是愉快的，孩子才可能幸福。所以有的观念需要颠覆，像“教师越辛苦孩子越轻松、教师要增压孩子才能减负”这样的论调真的不能再唱下去了，要知道，压力一定会传导，不快一定会传染。教师也许在工作生活中多有烦心事，但在站上讲台的那一刻，还是要把心里那股子别扭劲儿调整过来，否则，伤害孩子的同时，其实也会更深地伤害自己。

第二句话是：要让孩子牵住你的手，而不是用你的手去抓住他的手。

如果一个婴儿在洗澡，哭闹不休，你走过去抓住他的手，他的哭声不会停止；可倘若你伸出手，让他的小手握住你的一根手指，他就会安静下来。为什么？因为抓住他的手，他是被动的，尽管你觉得一切尽在掌控，但他不这么想，事实上是你在控制他；而让他抓着你的手，能让他满足真正从“我”出发的诉求，你不是在控制他而是在帮助他、引导他，给他提供他需要的安全感。教师面对孩子的时候何尝不该如此呢？很多人爱把“以生为本”挂在嘴边，其实所做的恰恰背道而驰，满腔的控制欲怎么也收不住，一旦控制失效，就会体验到强烈的挫败感。面对孩子时如果控制欲太强，是很容易进入“施虐—受虐”模式的。我有一个可能不太悦耳的观点：不放心可以理解，但总不肯放手却是一种病态，虽然顶着“爱”“认真”“负责”的名头，也仍然是一种自私。不放心而放手，需要的是更博大的爱，需要调动教师更高明的智慧。

两句话，说的都是该如何面对孩子的问题。在一所学校里与青年教师交流时，他们问我：你所热爱的教师是怎样的？我的回答无非三个字：柔软的。他们的情怀是人文的，他们的目光是平和的，他们的身段是柔软的，甚至连他们的语气都是柔和的。心有荆棘的人、控制欲强的过于“犀利”的人，都很难做到这一点。

正是春风骀荡、鲜花盛开的时节，面对大自然奉上的绚丽美景，每个人都感到心情舒畅。请让我们用赏花的心情，去面对孩子。

教师最当有情怀

经常听人说起“情怀”二字。做互联网的要有情怀，搞影视的、造汽车的、种柑橘的也都要有情怀。所谓“最有情怀”的辞职信、请假条之类也层出不穷。但究竟何谓有情怀，却鲜见有人明确论述。泛泛而言，一个人有情怀，是指其在经营事业时总能葆有一种热情、一种执着、一种信念，而在追求理想的过程中，身上自会焕发出一种风度、一种气质、一种襟怀。借用一句流传颇广的话，有情怀就是“除了眼前的苟且，还有诗和远方”。

教师是最需要情怀的。因为育人这件事本身，是直接与一个个鲜活的生命打交道，是在培植身心，养成品格，是在发掘每一个人的可能性，实现“人的完成”这一终极使命。

毫无疑问，要成为一个有情怀的教师，首先离不开对于育人工作的热爱和倾心。我平时与教师接触，发现有的谈起教学来有一种“初恋般的饶舌”，对于所做的事情，眼睛里所流露出来的简直满是爱抚。有个教师痴迷于创意作文写作，一聊起来就没完没了，有时候甚至到了让我想躲开他的地步。但我屡次跟朋友说，这位教师虽然有一点点“悖”，显得“一根筋”，但如果教育领域也有企业界的那种天使投资人的话，我相信一定有人愿意投他，投给这个执着得令他感到“厌烦”的人。没错，能成事的人一定有他的坚持，在坚持中他展示了自己的情怀，也能收获一种近乎“使命式的快感”。

情怀不是空洞无所凭依的，不是虚无缥缈、转瞬即逝的“一朝风月”，而是要靠平常扎扎实实的用功来堆砌和累积成就的人生态度。我认识的另一位教师身上就有这么一种不懈、不骄、不惰的态度。他勤勉地阅读大量报刊书籍，浏览大量教育网站，管理众多教科研互动论坛，不断策划点什么活动，同时静下心来撰写教育教学的文章……短短几年间写了《从新手到研究型教师》《教师成长力修炼》《教师阅读力》三本书，我给他的第一本书作了序言，给他的第三本书写了封底推荐语，其中写道：“所谓成长，就是在自己潜能的天花板下弹跳摸高。我始终认为，教师潜能的实现，离不开一点一滴的积累、一字一句的琢磨、一针一线的缝缀。教育之功的养成，恰恰需要‘支离事业’——从琐细处出发，在关键处着力，借助于讲台和其他平台，成就更大的格局，臻于更高的境界。”

然而，我总觉得，教师的情怀里还应该有一种更为本质的内核，那就是：懂得。懂得学生的需求，懂得成长的规律，懂得包容，懂得宽宥，懂得认取当下和放眼长远，懂得人在各种境遇里的有为和无奈，懂得生命的坚强和脆弱，懂得人性中无法忽略的缺陷和终将绽放的优美。

我常常把情怀视为一种“境”，这个“境”字里包含了两层意味：其一是体察境遇，其二是追求境界。体察他人的境遇就是一种懂得，而懂得就是一种心智逐渐趋于圆融的境界。没有懂得，就没有同情心、同理心。没有懂得的关心让人烦躁，没有懂得的教育干涩而生硬，甚至粗暴，却无半分智慧的含量。

听到过这样的故事：学生喜欢折纸鹤、拧魔方、看小说，可老师见到后只会说一句话：“你学这些，有什么用呢？”学生嘴里含着饭出教室去动物角喂养小鸡，可老师看到后不问青红皂白给了一顿批评；学生课间拿着一只蝈蝈在玩，可老师进来后一把抢过扔到窗外，而接下来他要上的课却是有关“生命教育”的……

这样的教师，课上得再精彩（这一点也值得怀疑），也难说有情怀。鲁迅写道：“无穷的远方，无数的人们，都和我有关。”张爱玲写道：“因为懂得，所以慈悲。”艾青写道：“为什么我的眼里常含泪水？因为我对这土地爱得深沉。”在我看来，他们笔端流淌出来的全是情怀，润泽生命的人文情怀。

什么是有情怀？有情怀就是识得草木本心，能够打破人与人之间的隔膜，深入每一个生命的腹地，聆听心灵的私语。有情怀，就是拥有一种敏锐而丰沛的审美意识，习惯用赏花的心情去面对每一个孩子。有情怀，就是懂得，对一个生命的成全，比普遍意义上的所谓成功，重要一万倍。

火树银花处不必有我

一位消防员与一位宿管员死后进了天堂。

消防员牺牲于一次惨烈的救火行动。殉职后他被授予了英雄的称号，官方表彰，群众悼念，媒体也曾对其英勇行为给予大篇幅的报道。

那位宿管员的一生则平淡无奇。他日夜勤勉，恪尽职守，可并没有任何值得谈论和炫耀的功绩。他做了些什么呢？不过就是在那座宿舍楼里，检查过一些老化的电路、拦截过一些可疑的访客、阻止过一些可能的斗殴、劝说过一些在楼顶徘徊的失意者……当他悄然退休并且去世的时候，曾经住在那幢宿舍楼里的一代代学生，并没有一个人知晓，更没有谁前去吊唁。

他们在天堂里相遇以后，消防员显然有些骄傲，不屑地对宿管员说：“你凭什么能进天堂？”胸前没有勋章的宿管员是谦卑的，一如在他生前。每次被质问的时候，他都沉默不语。当消防员又一次表达对宿管员的轻蔑时，万能的上帝看不下去了，开口道：“其实他还是有功劳的，避免了几场火灾的发生，挽救了几个年轻的生命，可正因为灾难和死伤并没有发生，所以人都无知无觉，谁也不记得，谁也不感恩。”上帝最后意味深长地看了一眼消防员，叹息道：“如果他没有退休的话，你也不会死！”

以上只是我杜撰的故事。我绝无贬抑消防员的意思，他们当然值得褒扬赞美。只不过，我试图阐明，一些并无可歌可泣事迹的默默无闻的人，他们的价值同样值得珍视。没错，我脑子里闪过了与教师有关的画面。他们中的绝大多数只是静心教书潜心育人，一生中没有面临需要调动大智大勇的所谓“决断性的时刻”，也没有培养出足以夸耀的精英人物，因此缺乏证明其自身价值的外显的标签。然而他们爝火不熄，劳绩卓著，让一代代的孩子长大后成了诚实、勤奋、踏实并且幸福的人。如此而已。

“万头攒动火树银花处不必找我。”木心的这个句子用来描述这样的教师群体挺适合。

读到过一篇文章，题为《教育是向下看的》。文中引用了法国作家马塞尔·帕尼奥尔在其自传体小说中写的一则故事：作家父亲有一位老友，当年以第一名的成绩毕业，在一个贫民窟里一所学校教了一辈子书，在同一间教室的同一个讲台上站了四十年。作家父亲问他这一生是否从来没有过什么抱负，老教师的回答是，他有过抱负而且成功了，因为在当时那么一个动荡的年代，他的学生中几乎没有被送上断头台的，与前任相比堪称奇迹，“这就值得我一直在这个位置上待下来”。

这位老教师的成就看上去是那么寒碜，但仔细想想却又令人心生感佩。文章作者进而批评当今中国教育的一个价值误区：“在我们这里，老师的眼光从来都是向上看的，他们愿意津津乐道的永远是自己的学生有多少当了高官，又有多少成了富豪或者名流。他们绝对不会过问自己有多少学生成了这个社会的罪人抑或不幸的人，因为他们心里始终关注的都只是那些优等生。”这样的批评未必公允，因为总是“向上看”其实是多数世人的眼光，教师反倒是在这种世俗眼光里被看待、被掂量、被评价的，否则文章作者何至于在初看到那位老教师自许的“成功”时会“哑然失笑”呢？

有的成就是显而易见的，有的则几乎从来不会被察觉和认可。我们常说，教育是件良心活，做到什么份上也许只有自己知道。然而像那个替宿管员说话的全知全能的上帝只是一个幻象。当然，各种各样的评价和考核能够说明一定问题，但教育之事，仍然有太多无法验证、无法量化、无法比较的东西，至少在短期内是如此。我们并没有什么时空穿梭机，可以“穿越”到未来以评估今天的育人成果；教育中也很难有什么可靠的“对比组”，可以让我们断然地得出此优彼劣的结论。我很愿意在教师中倡导一种“为己”的精神。这个“为己”，与自私自利毫无关系，说的是自我修为，对自己的良心负责。“人不为己，天诛地灭”，这句话长期以来也被严重误读了。孔子说“古之学者为己，今之学者为人”，在他心目中更推崇的学者首先是追求自我完善的，而不是把获得他人优评或点赞看得更重要。学者与师者在本质上一样，所追求的其实都是“为己”境界，也就是对自己的良心负责。

我们的教育的确要多“向下看”，教师在关注表现出色的学生的同时，也应把注意力更多地分配给那些不显山不露水甚至有可能把路走偏的孩子。不让一个问题学生“迷路”，可能是比让一个优等生“登科”更大的“出息”，虽然这样的“出息”很难得到承认，更无人喝彩。教师对自己看不见的价值也应拥有充足的底气，正所谓大美不言、大爱无痕。有一种功绩是啥都没发生，有一种付出是从未被发现，有一种爱是根本没感觉。

是的，火树银花处，不必有我。

诗和远方，就在脚下

“生活不止眼前的苟且，还有诗和远方。”

当一个句子在网络上疯狂流传，我知道，它离被毁的时候也就不远了。再有情怀的东西，也经不起病毒式的传播和快餐式的消费。套用哲人的一个观点，有的话语，第一次出现时有着悲剧式的庄严面孔，第二波袭来时却只有喜剧式的戏谑和玩闹，大家终于把它当笑话说了。

果然，“生活不止眼前的苟且，还有火锅和麻辣烫。”“还有夜宵和麻将。”“还有美酒和姑娘。”“还有某楼盘和 89 方。”……此类句子如寄居生物大量繁殖，在这个以调侃和胡乱拼贴为主要手法、有着强大狂欢本能和娱乐至死冲动的“后现代游乐场”里，形而上与形而下、诗意与日常，就这样奇怪地混合在一起，其间原本存在的价值落差也被瞬间抹平。

尽管那首颇为洗脑的刷屏神曲，确实有过度消费现成金句的嫌疑，但得承认它还是有打动人的地方的。“生活不止眼前的苟且，还有诗和远方的田野；你赤手空拳来到人世间，为找到那片海不顾一切……”回旋的歌声似乎能带给听者以反思和超越当下平庸生活的力量，在心中开启一个向往追求理想的召唤结构。诗意是很容易被解构的，正如理想一不小心就会消逝，我们要摆脱随波逐流的被动性，主动寻求属于教育人的诗和远方。

也许真的要自问，我们眼前的教育生活是不是只有苟且？

我们是不是完全被分数牵着鼻子走，忽视了人的无可比拟的丰富性？我们是不是陷入攀比的怪圈难以自拔，失去了实现生命自身完满的那份定力？我们是不是被“安全”这顶帽子压得喘不过气来，以至于缩手缩脚不敢开展很多活动？我们是不是疲于应对各种检查评估，反倒忘记了育人工作的初衷？我们是不是疏远了真实的自然，也淡漠了灯下阅读和星光下的漫想？

——看到以上这些问句时，你是不是会从心底嗤之以鼻：漂亮的空话谁不会说？要什么诗？要什么远方？在忙碌而凡庸的日子里，我宁愿要一碗实实在在的鸡汤。而值得警醒的是，当一个人开始这么想的时候，是不是就已经如张爱玲所说的那样“一寸一寸陷入习惯的泥沼里”，成了“苟且党”的一员？的确，无论年轻年长，一个人只要失去了激情和理想便已经衰老。

教师的诗和远方是什么？当然是教育理想。教育是最具理想属性的事业，需要教师摒弃“育分不育人”的陋见，用因材施教的思维去投入育人，用赏花的态度去面对孩子，有时候甚至要与那些貌似有充分合理性的“现实”相抗衡。功利主义所主导的现实很强大，人们有时候不得不妥协，不得不苟且，但是只要还有诗和远方的烛照，那妥协和苟且的阴影就永远无法获得堂皇的价值认证。有人说，现实是石头，理想是鸡蛋，蛋总磕不过石头，可二者中只有蛋是生命，只有蛋孕育着生机和希望。

教育的理想与理念本质上其实是一回事。理想不在别处，就是把理念变成了一种信念，以勇气和智慧来应对破解现实困局。诗和远方只是一个精神维度，一个向上的动姿，人依然站在地上，坚韧不拔地、不惮烦琐地默默工作，既不浅唱低吟什么诗什么歌，也并不打算矫情地发一通“世界这么大，我想去看看”之类的感叹。我们已经知道，哪怕像韦思浩先生那样做一个“拾荒者”，也可以拥有一个那么丰实富足的精神世界，它所发出的光芒让所有的苟且都无地自容。

诗和远方，是与苟且纠缠在一起搏斗在一起的当下，是并无多少浪漫色彩的有限理想，是“一寸一寸”从糟糕的习惯、惰性和倦怠感里挣脱出来的力量。李叔同有句子云：“过去事已过去了，未来不必预思量。只今便道即今句，梅子熟时栀子香。”教育是面向未来的，但我们可以把捉的只有现在。诗和远方，就在脚下。

每一天都在堆砌属于自己的人生

写作有很多种，有的令人敬畏，有的平平常常。总之，不管是哪一种——写作就是写作。写作，是记录下开学的第一天，是介绍一次班主任会议，是谈论学生的一封信，是提及与某位学生的谈话，是表达某次考试前后的心迹，是整理偶尔倦怠而又不甘放弃的情绪，是感叹一个个忙碌却不乏惊喜的时光，是领受一天中一年中由那么多琐碎堆积起来的全部感动和温暖。

当我翻读着丽水中学潘秋芳老师的《我的一天，我的一年》这本书时，尤其是读到她引用的来自伯纳德·韦伯《勇气》一书中的某个段落时，不由自主地想到要“戏仿”一番。那个段落是这样的：勇气有很多种。有的令人敬畏。有的平平常常。总之，不管是哪一种——勇气就是勇气……我觉得，透过这本“班主任工作实录”，我从潘秋芳老师身上发现的不仅仅是勇气，更有一份难得的坚持。这是一种怎样的勇气和坚持呢？是一种几乎被烦琐细碎的管理和教学工作淹没的时候还要把头探出来呼吸新鲜空气的执着，是一种身心几乎被一项紧接着一项甚至一样叠加着一样的事务压榨的时候还会寻找空隙回头反思的激情。这样的执着和激情源自她对学生的似乎不会枯竭的爱。从她笔端我认识了一位名叫“小慧”的同学，整整一年的日记里这个名字应该出现了数十次吧，每一次出现都意味着寻找、交谈、关切、与家长沟通，还有自己由此激发出来的焦虑感、疲惫感、无力感（当然也会有成功的欣悦）……占用的时间、精力和损耗的情绪可谓极其惊人，而这只是其全部工作的九牛一毛而已。没有爱的支撑，如此的投入无法想象。

有时候我会在教师朋友的QQ上看到“累！累！”这样的个性签名，但是很遗憾我并无特别深切的体会。在翻读《我的一天，我的一年》时，我的感受却逐渐丰满起来，因为我了解到了一位班主任一天从早到晚、一年从始到终的真实生态。这些实录简直就像流水账，它没有什么美学上的修辞，也鲜见经过提炼的闪亮的观点，有的只是现象学意义上的记录和描述，但是它无比真实地诠释了教师不仅仅作为“思考者”尤其是作为“行动者”的意义和价值。

记得多年前读魏书生《班主任工作漫谈》一书时，从未当过教师的我内心是有些不以为然的。如此大名鼎鼎的教育家，所谈的也不过是这么些大白话。没有什么耸人听闻的概念，没有什么精巧别致的理论，似乎看不到多少智慧的闪光。可是后来慢慢认识到，教育家主要不是靠“说”出来的，而是靠“做”出来的，他们的教育智慧未必能凝练成一听就让人惊叹的警句格言，但是在每一天的行动中，在面对每一位学生、应对每一件小事时却会不期然地闪烁出来。的确，教育者没什么“了不起”，就像今天人们耳熟能详的陶行知先生“四颗糖”的故事，其实也平实得很，琐细得很，看起来又有什么高妙的地方呢？无非是在即事即物即人的过程中，让理念变得明白，让智慧变得可见，更为重要的是，让那孩子因此而受益终身罢了。就像医生用自己的专业技能诊治病人，真正体会到好处的，是被祛除了病痛的患者，很多时候，教育者的好处，也唯有受教育者才能领会，比如那位没少让老师操心的“小慧”。

除了忙和累，除了应对很多不得不做的事情之外，潘秋芳老师也在不止息地寻找零零碎碎的创意，在即事即人中展现点点滴滴的智慧，要“探出头来呼吸新鲜空气”，虽然我也担心，缺乏余裕的忙碌有可能会妨碍班级管理和学科教学的“艺术性”。但值得肯定的是她还在做笔记、写日记，也就是说还在写作。写作，无论是采取何种形式，本身其实已经必然地内蕴着自我审视和反思，如“对于一突发事件处理的反思”就很有价值。我不打算也无力在这里总结点什么，因为“现象学描述”拒绝概括和定义。我仅举一例，以验证这位教师在日常工作中是如何以其细心、耐心、爱心一以贯之地实践着“以生为本”这一理念的：

5 月 23 日，因为下雨升旗仪式取消，潘老师意识到一位叫小遥的学生可能感到了失望，因为她准备好的国旗下的讲话被搁浅了；6 月 12 日，再次接到通知让小遥做国旗下的讲话，潘老师对讲话稿进行修改；6 月 13 日，天还是下雨，潘老师安慰因为升旗仪式屡次延宕而失望的小遥；6 月 20 日，小遥如愿面对三千名师生做了国旗下的讲话，潘老师兴奋之余写下“呵呵，小遥终于站上了司令台”这个小标题……我想，潘老师能如此亲切地照拂到一位要在国旗下讲话的女生的心情，除了可以见出她似乎无所不在、无时不在的爱以外，还表明她那并无丝毫做作的教育观有着极其健全、明媚的底色。

我相信潘老师以及众多像她一样有爱、有趣、有思的教师，能够在无尽的岁月里，把每一个平凡琐碎的日子堆砌成不凡的教育人生。

成为一名真正“懂儿童”的人

曾经想当然地以为，幼儿教育，不过是让一些儿童聚在一块儿唱唱跳跳、玩玩闹闹而已，其中并无什么名堂和讲究。幼儿教师主要是陪着孩子一起玩，心里存一份满满的爱也就足够了。慢慢才明白，想让孩子健康成长，仅有爱是不够的，还要有智慧。没有智慧的爱是笨拙的，甚至有可能是滥用的。读了特级教师沈颖洁的专著《与孩子共成长——〈幼儿园教育指导纲要〉的实践性解读》（以下简称《与孩子共成长》）后，这种感受更深了：想成为一名幼儿教育的明白人，需要经历一个“如琢如磨、如切如磋”的过程；唯有不断地研读儿童，真正地理解儿童，才会有品莹剔透的思想，才能把捉住有爱的智慧，绽放出有智慧的爱。

我们知道，当下快乐与未来幸福，是很容易顾此失彼的，二者间似乎存在某种“跷跷板效应”，人们总是担心，当下的快乐无法允诺未来的幸福，为了未来的幸福不得不牺牲掉今天的快乐……而沈颖洁认为，要守护儿童当下的幸福须践行三个信念：让孩子的一日生活充满品质、在游戏中发现儿童、尊重每一个孩子的差异；要为儿童将来的幸福奠基，则应该在他们的心田里播下三粒种子：爱上阅读、享受音乐、亲历探究。

也许我的概括并不准确，我发现“自主”两个字在沈颖洁的教育观中占有重要地位。她强调环境所具有的教育意义，很看重营造“自主、宽松、有序”的氛围，让幼儿获得更自主的发展。她不希望用僵死的环节去锁定孩子斑斓的个性和参与的热情，不愿意看到幼儿游戏被异化为游戏幼儿。教育即生长，生长的过程是充满自主性的，是生命自身在寻找、在摸索、在焕发、在自我完形的过程。她在观察中反思：让孩子排成一列“小火车”步调一致地走路是否合理？也许儿童的真实心理体验被忽略了；儿童为什么喜欢流连于盥洗室？因为那里放松的氛围催生了自主交流的欲望；儿童为什么喜欢嬉笑着躺在地上模仿小动物睡觉？也许儿童体内有着无法释放的躁动着的能量；用恩威并用的方式让孩子艰难喝下东西是否合适？一个短期目标的实现却让孩子付出了不小的心理代价；让打架的儿童去开着紫外线的教室“消毒”是否负责任？表面的有效性下面却沉积了浓郁的心理阴影……

要理解儿童，接纳儿童，尊重儿童——教师有必要转变自己的思维方式。我非常赞赏沈颖洁在前言里写她的研究过程是“不确定的、非线性的、去模式化的”，因为孩子的生命和成长不是机械的、线性的、单向的、模式化的，如果我们用线性的决定论的思维去面对教育问题，那该有多么笨拙和武断啊！仅仅在如何看待儿童的“问题行为”这一点上，沈颖洁在思维方式上的转变就令人赏心悦目。

其一，从急于了解“怎么办”到客观探寻“是什么”。“教师需要尝试改变过去的思维模式，摈弃主观臆断，关注儿童行为发生的情境”，别太急着贴标签，因为“一旦你给孩子的行为贴上了一个概念性的标签，做出了预判的时候，观察的眼睛也就闭上了”。说得多么好！要把孩子及其行为置于具体的情境之中，悉心体察问题发生的原因，然后才去琢磨解决之道。

其二，从纠结于孩子有没有改变到我能为孩子改变什么？在我看来，这种思维方式的转换如同“哥白尼式的革命”，意义重大。它摆脱了自我中心主义，它不再是执拗地要让孩子的行为符合我们的期望，而是从对自我的反观中寻找与儿童的意欲接榫合拍的契机。不是放任自己控制欲的发作，不是在“我执”的封闭圈里打转，而是让主观意图消融在双方充满开放性的理解和对话之中。这就是“互为主体性”，这就是“润物细无声”，这就是“设身处地”。当秉持着这样的思维方式时，我们与孩子不是处于面对面的对立关系，而是在肩并肩、手携手地一路同行、一道体验，我们在不断地调整中与孩子的感知系统达到了同步。

其三，从诊断孩子个性到致力于具体问题的解决。我们需要正视孩子的个体差异，面对问题时不要沉浸在“灾难性思维”中忧心忡忡，倒是不妨运用“底线思维”，在对情况有一个理性认识的同时确立起改善的思路，逢山开路，遇水架桥，不躲不藏，灵机应变。我们所寻找到的必定是在现实情境里最好的可能路径。

沈颖洁在书中写道：“聆听童声，解读童心，捕捉孩子在寻常时刻中思维跳动、情感脉动，用孩子听得懂、看得见、理解得了的方式与之对话，是教师必修的专业能力。”但愿每一位教师——不仅仅是幼儿教师——都拥有这样的智慧，成为一名真正“懂儿童”的人。

教师要有对于课堂的“主场感”

素来佩服这样的“神仙老师”：他的工作是极忙碌的，但每次出现却总是神清气爽，也从来不见他抱怨叹气，始终带着稳稳的微笑和不枯竭的耐心，更可羡的是他都忙成这样了，偏偏还有时间插插花、晒晒娃（班上的学生娃）、做做早茶、装修一番自己的朋友圈，然后仿佛在不经意之间，写出了一篇篇有理又有趣的美文，出版了一本又一本沉淀着自己教育心得的著作。至于他的课堂，如果你有幸去听一听的话，会发现真的是“有声有色”！职业的尊荣感和生活的幸福感满得快溢出天际……

郑英好像就是这样的老师。现在摆在我眼前的就是她继《班主任可以做得这么有滋味》等书之后出版的又一本新著：《课堂，可以这么有声有色》。作为连续当过多年班主任、一直“寄生”在课堂并且能在课堂上表现得游刃有余、气韵生动的德育特级教师，把那些“有声有色”加以提炼总结，写成美文与众人分享，无疑是有价值的。

听说郑英老师一直很喜欢美学，她有一本书的名字就叫《教育，向美而生》。的确，教育与美学是有着天然的亲缘的，如同一对孪生姐妹，都有着对于“曲线”的偏爱，都崇尚“柔性”的智慧，都向往“和谐”的境界。教育是面向未来的，而我也愿意相信“美学是未来的教育学”。无论她的这本书，还是透过这本书呈现出来的她的课堂，我都能感受到较为丰满的美学意蕴。

她的师道有尊严之美。

郑英非常强调师者和课堂的仪式感。她在自序里开宗名义写道：“作为育人的主阵地，课堂自然承载着非比寻常的重任和意义。可以说，教师真正的高光时刻，是他站立于课堂之时。”她还说：“课堂，是教师的道场，既是布道场，也是修道场，体现着一个教师最大的价值和最高的尊严。”她在书中描述了吴宓教授对待授课那种“宗教般的虔诚和投入”，读来令人动容。其实所有当得起“先生”这两个字的教师，都会自觉不自觉地拥抱那种因为尊重课堂、尊重学生更是尊重自己而萌生的仪式感。比如，丰子恺回忆李叔同授课：每次进入教室，发现李先生早已端坐在讲台上，那些嘴里随便哼唱着笑骂着的同学赶紧敛容屏息，等上课铃正式响过，李先生站起来深深一鞠躬，课就开始了。

从美学的角度来看，仪式感不仅仅意味着外在于身心的规范和约束，它其实包含着一种内在的秩序和韵律，是自律而自由。视听言动之间，动容周旋之际，有尊严，有亲切，有“谨”和“爱”，有“敬”和“惜”，有强大精神力量的支撑。在今天的生本课堂上，我们一般不把教师视为主角，但坦率地说，教师无论如何都做不到完全收敛自己的“主角光环”。书中有一篇《找回失落的主导——教师的讲》，敏锐地洞察到教师“讲的缺失”，强调课堂要在确立学生主体地位的同时，真正发挥教师的主导作用。优秀教师的魅力值并不会因为“以生为本”而降低，恰恰相反，这样的课堂因为摆脱了“满堂灌”、弱化了“控制感”、凸显了“自主权”而更能令功力深厚、人格“充实而有光辉”的教师焕发出一种美学上的风姿。

她的书里有智慧之美。

《三体》作者刘慈欣有一次讲道，面对未来一定要摒弃直线思维，因为未来的发展是曲线甚至非线性的，方向是不确定的，时时刻刻都在发生变化。你永远无法确定接下来的哪个点会有突破，也许在你完全想不到的某一方面的进展会颠覆整个世界的图景。教师也一样，无论是设计课堂还是面对学生，都需要这种尊重无限潜力和无数可能性的曲线思维。

教育和美学对于“曲线”的偏爱，其实就是对于智慧的追求。比如郑英写到该如何智慧地设置课堂提问，她抛出的第一策就是：“曲”——直题曲问，曲径通幽。事实上随后提出的“诱”（故意出错，借力用力）、“退”（以退为进，反主为客）、“掘”（于无疑处、浅处深掘）、“暗”（明暗相间，产生悬念）等策略，都可以被统辖在曲线思维、曲线之美这个范畴之内。

简约之美也是智慧之美的表现。美学家宗白华论中国山水画，极推崇“适当留白”“虚室生白”的旨趣，智慧自虚境出，意趣因空白生。另一位美学家王朝闻也善用“以一当十”的手法，追求“不全之全”的境界。在《你的课堂“简约”吗》一篇中，郑英极力推崇简约课堂是一种大气，是一种深度，是一种积淀，是一种自然，是一种经济，是一种艺术。优质的课堂不需要太过戏剧化，去追求那种“烈火烹油、鲜花着锦”的状态，它要能提炼出“课的含金量”，过滤掉“课的掺水量”，从烦冗走向凝练，从紧张走向舒缓，从杂乱走向清晰，从狭隘走向广阔，从肤浅走向深邃。

同样暗合美学精神“三昧”的是郑英反对教学中的做作之态，崇尚课堂的自然之美。比如，她批评课堂中的“伪合作”现象，认为伪合作使得课堂变成了众说纷纭的“群言堂”、悄无声息的“哑巴堂”、匆匆忙忙的“走过场”、边缘学生的“避风港”、学优生的“表演场”、虚假表演的“作秀场”、教师课中的“休息场”、不做评价的“乱收场”……在《课堂也可以无为清静》一文中她指出，课堂教学中要做到“不妄作”“不‘为作而作’”。我所理解的她的理念是：优质的课堂是有声有色的，但又不可为“声色”所累，出现“审美偏差”。

她的课堂有化育之美。

说实话，我在教师应该怎样把握课堂、主导课堂方面并没有什么发言权。但我知道好的课堂可以激发学生的兴趣和潜力，让他们因为这样的课堂而萌生探究欲、释放想象力，我也知道那些糟糕的课堂又会怎样泯灭一个孩子对于某学科的热情，毁掉他倾听的专注、表达的欲望。糟糕的课堂是相似的，高明的课堂则各有各的精彩，但万般精彩中，也有如美学上的所谓共性：优质课堂一定是灵动的，是不断生成的，是随时生长的，是尽性化育的，是一双双发着光忍不住想要跃跃欲试的眼睛，是一个个让学习真正发生的“最有包孕性的顷刻”。

朱光潜和钱锺书在介绍莱辛《拉奥孔》时都阐发了何谓“最有包孕性的顷刻（片刻）”，朱光潜说：“这一刻必须选择最富于暗示性的，能让想象有活动余地的，所以最好选顶点前的顷刻。”钱锺书说：“一达顶点，情事的演展已到尽头，不能再‘生发’了，那个‘片刻’，仿佛女人‘怀着身孕’，它包含从前种种，蕴蓄以后种种。”这样的“顷刻”也是曾国藩渴慕的“花未全开月未圆”之时，是王朝闻心仪的审美创造“不到顶点”之际。这样的“顷刻”不但是美学所青睐的，也是教育所追求的，孔子“不愤不启，不悱不发”、孟子“君子引而不发，跃如也”之论，庶几近之。具体到课堂，就是要让课堂充满灵动，真正有效生成。郑英当然懂得并善于创造这样的“顷刻”，她认为，真正的生成应该是这样的：善启学生的疑——引而不发，激活源头；智用学生的惑——急中生智，即时变奏；巧用学生的错——将错就错，化拙为巧；活用学生的问——由此及彼，顺势延伸；妙用学生的题——顺水推舟，巧妙点化；反激学生的思——变堵为导，反弹琵琶。在由一个个最耐人寻味和兴味勃发的“最有包孕性的顷刻”所构成的课堂里，学生的心智状态最活跃，神经元在疯狂连接，整个班级就是一个几乎听得到思维和情感拔节生长声音的场域。这样的课堂，不正是每个教师所向往、每个学生所盼望的吗？

正如郑英在自序中说的那样，她愿以此书增添教师们的教学勇气和智慧。在我看来，她是想通过写作向所有教师传递这么一种自尊自信：我可以不是课堂的主角，但课堂就是我的主场，“是一种生命的在场”。

远路不须愁日暮

抗战的烽火已经熄灭了七十多年。回望那段艰难岁月，在为国人众志成城抵御外侮的伟大壮举而骄傲的同时，我尤其感佩于烽火连天、颠沛流离之时世，当时大批师生所创造的堪称辉煌的成绩。令人印象深刻的是，抗战时期教育所播下的种子和收获的成果，时隔几十年后依然能让我们窥见其不凡之处。比如，1999 年被国家授予“两弹一星功勋奖章”的 23 位大师级的科技精英中，有很大一部分在抗战时期大后方的教育机构中接受过大学教育。没错，在那个山河破碎、放不下一张平静的书桌、原本似乎只能苟全性命的乱世，背衬着连天的炮火，忍受着贫病的折磨，日后成为国之栋梁的大师们，居然成群结队而来。

当时的教育有可能成为一种应急式、权宜式的“非常教育”。国难当头，财政窘迫，一些人曾提出要实施战时非常教育或国防教育，主张中断一切正规教育，停办高中和大专院校，师生当应征入伍，直接与侵略者以命相搏。所幸，政府没有采纳这种短视的意见，而是提出“战时教育需作平时看”，认为“切勿为应急之故而丢却了基本”，从国家战略的高度把维持和发展教育视为“绝对的需要”“立国的根本”。这才有了号称中国现代史上最悲壮的知识分子大撤退，大批无论在战时还是战后都做出巨大贡献的人才得到保全和培育。抗战期间，教育经费在财政支出中仅次于军费，居政府财政支出的第二位。存亡断续之际，教育薪火不绝。

“远路不须愁日暮”，这句诗出自遭遇过大乱世的明末学人顾炎武。据说胡适先生晚年常提到这句诗。年岁渐老，前路茫茫，易入颓唐，想必胡适是借诗中慷慨之气以自勉吧！在我看来，这句诗其实有更深沉的况味。正因为任重道远，所以士不可以不弘毅。对教育这件事来说，就是指办教育的人或者扩大到所有的读书人，倘若具有一个大视野，拥有一个大胸怀，就能藐视眼下暂时的困难，坚忍而从容地走向远方的地平线。百年大计，怎可计较一日的得失？万里征程，岂能在乎毫厘之进退？天黑了，或者遇到坏天气了，不要紧，不必愁，别独自在逼仄的角落里暗自神伤，日子正长，路也正长，所谓前程远大，明天太阳照样升起！有远方，有理想，有信念，就可以无惧无敌。这应该也是孟子所谓“君子有终身之忧，无一朝之患”的意思吧。

教育，与信念息息相关。

如果没有信念和远方，那么当年的那些学者教授们就真的只能苟且偷生，而不可能于困境中迸发出那么巨大的能量了。日寇打响侵华第一枪后，史学家孟森精心守护边界地图，物理学家赵忠尧冒死藏好了科学珍宝（把50毫克的放射性镭藏于咸菜罐中随身携带），考古学家李济抢在国土沦陷前挖掘国家文物……地质学家袁复礼在西迁途中给学生讲解地质构造，闻一多边跋涉边沿途收集民歌民谣，梁思成甫到昆明即着手调查古建筑……逃亡路上，很多学者历尽苦难，如赵忠尧和化学家曾昭抡找到搬迁的学校时状若乞丐游僧，但破衣烂衫也难掩智识者尊严的华光。史学家陈寅恪在辗转中丢失了大量有着极其珍贵批注的个人书籍，哲学家金岳霖跑警报时丢了耗费无数心血撰写的《知识论》手稿……但是不断遭遇失去的命运的学者们，依然凭着卓绝毅力和出色才华在学术的最前沿披荆斩棘，取得了傲视同侪的惊人成就。

没错，正是在国土沦陷、艰苦抗战的那么一个环境下，中国教育界、学术界的精英们却不断地冲到科学的前线，占领学科的高地，取得了与世界同行们对话的资格。真不可思议！他们在资料严重匮乏的情况下写出了最优秀的论文，在简陋到寒碜的实验室里完成了高精尖的实验。这里没有苟且。今天人们动不动就感叹“理想很丰满，现实很骨感”，可当年那些知识分子面前的“现实”又是怎样的呢？何止是骨感，简直是骨瘦如柴。他们的现实是朝不保夕，是饥寒交迫，是妻离子散，是九死一生，是在一盏盏昏暗的煤油灯下死神随时逼视着的人间炼狱。如果说像闻一多刻图章卖钱贴补家用、教授夫人做糕点售卖之类的故事还多少有点逸闻趣事的意味，那么像梁启超之子考古学家梁思永因为缺医少药、缺少营养只能卧床待毙；李济在避难李庄的短短两年间，两位爱女因为得不到及时治疗而先后病死；蔡元培的女儿、美术教育家蔡威廉迫于贫困不能到医院生育，竟至难产而死……这样的故事简直令人不忍直视。而就在这样惨淡的人生和淋漓的鲜血里，那些有信念和远方、踔厉风发的知识分子没有被眼前的困难挫折打败，一点一点地修建中国教育学术的大厦。他们眼光远大，视野开阔，思想深湛，上接历史，旁通国际，学贯中西，鲜有局于个人利害的小计较，多有以身殉教育学术的大理想。

在同样理想的烛照下，连像张伯苓与蒋梦麟起争执这样的事也变得可爱起来：蒋、张和梅贻琦三人巡视西南联大宿舍，蒋梦麟看到宿舍破败，大为不满，认为不宜居住，而张伯苓则认为当下国难当头，学生正该接受磨砺。二人遂起争执，蒋发怒道："倘若是我的孩子，我就不要他住在这个宿舍里!"张亦不甘示弱回击道："倘若是我的孩子，我一定要他住在这里!"梅贻琦赶紧打圆场。蒋、张这两位教育家的怒气里，其实都蕴含着对于教育、对于学生最真切的热爱。再骨感的现实，也难以遮蔽理想的丰满。相形之下，今日许多人的所谓理想敌不过现实的喟叹，不过是一种矫情，是一颗没有远方的心灵在撒娇。

从另外一个较为特别的角度，也可以触摸到当年教育界、学术界大家们身上具有的那种信念的温度。非常耐人寻味的是，那时候有大量"跨界"的大师。俞大维，先学哲学文史，获哈佛博士后又精研数理，再攻弹道学，成为一代名家。蒋梦麟，先学农学，再学教育，终以教育家名世。任鸿隽，所学学科兼及化学、物理、生物、教育、政治、文学等。陶孟和，涉猎的学科有教育学、经济学、社会学、地理学以及天文学。顾毓秀，研学领域横跨工程、教育、音乐等。毛子水，百科全书式学者，对历史、国学、教育、数学、物理等有研究……在他们这里，文理分科之类一定是很可笑的事情。一个人跨界，固然有试图寻找发现自己兴趣特长的因素，但对那一代人来说，更大的动机恐怕还是要找到能够服务国家的最好方式。如果没有为教育与为学术的信念，没有家国情怀和天下意识，再有才华的人也只不过是一群"精致的利己主义者”。所谓学术不过是牟利的幌子，像个游戏。所谓课题不过是圈钱的工具，都是苟且。没有信念和远方，钱学森先生所急切呼唤的大师就仍然不过是一个又一个翩然远去的背影。

老师的责任感，如静水深流

有一天，某位一向准时的学生没有按时到校，多次电话联系家长也无人接听，浙江义乌市稠州中学初二年级班主任金晓珍不放心，当即前往学生家中察看，发现学生一家四人一氧化碳中毒。因送医及时，四人均已脱离危险。

所有人都感到庆幸，这位学生遇到了一位富有责任感的老师。其实，如果这位班主任注意到学生迟迟不到校的情况，打过几个电话不通后就暂时把此事搁下来了，也不能说她没有责任心，毕竟班级管理和教学的事务是相当繁杂的，她还有别的事要忙。

而这位班主任的可贵之处就在于，她敏锐地捕捉到这位“一向准时”的同学迟到的细节，并意识到这种不正常状况背后可能隐藏的“万一”。为了以防“万一”，她要亲自前往察看，于是，一场悲剧得以避免。

几年以前，浙江衢州市就发生过几位“最美教师”救回三条鲜活生命的故事。班主任陈霞在例行“晨检”中发现翁同学的位子空着，而且隔壁班翁同学的弟弟也没来上学，给家长打电话又打不通，几位老师马上调好课赶往学生家里，最终挽救了煤气中毒的学生和家长的生命。

青岛即墨城西小学的崔金华老师在班上清点学生人数时注意到石墨妍的座位空着，给其父母打电话都无人接听，学校即刻组织人员到现场察访，老师翻墙把煤烟中毒失去知觉的三个人救了出来。

辽宁大连发生了几乎一模一样的故事。一位老师发现有学生没来上学，尝试通过各种途径联系家长无果后，在家长群发布消息打听该生家庭地址，最终大家协力救下了煤气中毒的一家四口。

这些新闻给人最强烈的感觉就是：老师自觉承担的责任感几乎是无底的，也是无敌的！与这种责任感相伴的是无穷的细心、耐心和爱心，是“一竿子插到底”的思维方式和务必把一切落到实处的行动力。这些最美教师没有一位轻易放过发生“万一”的可能性，没有一位能容忍学生的境况处于“悬而未决”的不可知状态，他们不怕麻烦，不存侥幸，不留疑点，不使家校之间的对接留出滋生不确定因素的缝隙。

生活似水，平缓地流淌。对教师来说，责任感驱使着所做的一切，该做的总在做，也不曾懈怠，也不敢轻慢，只不过，绝大多数事情是未必会被注意到的——因为它们没有呈现出戏剧化的效果，因为没有过于刺激的“如果”和“万一”。这正如平缓的水流只有遇到滩石、碰到拐角才会激起可见的波浪。前文所说的这些教师力挽狂澜避免了悲剧发生的事件，因其焕发出的大爱的光彩，能被所有人看到，也被所有人点赞，这是多么好的事啊！

我们当然欣赏浪花朵朵的美景，但也绝不敢小瞧了静水深流的魅力。

我一直信奉一点，教育追求的是成全，或者说是一种“看不见的成功”。教育者自身也要有一种不惮于被无视的心境，要有一种深不见底的责任感。我们从陈霞、金晓珍这些闪耀着大爱光辉的教师身上，可以感觉到那种全心全意对学生负责，同时更是力求内心无一毫亏欠的责任感。教师的负责不是做给人看的，不是停留在面上的，不是应付各种检查的。我认为，师德，固然跟教师行为准则规范等“公德”层面有关，但更多地关乎“私德”。而私德是更具超越性、相对更严苛的自我修养，从某种意义上说，其表现是经常“看不见”的，而即便“看不见”，也对自己有要求，这就是那种无底的责任感，更是无敌的责任感。

海明威说：“冰山在海里移动很是庄严宏伟，这是因为它只有八分之一露出水面。”在实际发生的挽救了学生及其家长生命的事件中，教师的表现就是其基于全部公德私德（无底的责任心）所展现出来的“冰山一角”。我们可以从这露出水面的有限的“冰山”，来想象和理解水面下那体量庞大的看不见的部分，也是更为常态的部分：最美教师所绽放出来的美的光华，不是源自偶然的人品爆发，不是因为某一天的心血来潮。事实上，有太多教师一辈子就是默默无闻地做着“该”做的一切，从不企求某一天光荣绽放，他们甚至永不希望有这种绽放的机会，因为无论如何，这都意味着发生了什么非常之事从而被人看见。所以我曾说，对教师而言，火树银花处不必有我。

在这种“冰山”思维的观照下，我们会更明白为什么教育追求的是“看不见的成功”，也能够更深刻地理解教育的整体的面目，并且可以体贴教师的真实心境。

比如，某年，幼儿园虐童事件频频遭到曝光。一时之间，人们仿佛觉得所有幼儿园都变得可疑起来，并在下意识里开始对所有幼儿教师产生了微妙的提防之心。“虐童”这样的字眼太刺激了，太吸引眼球了，全民似乎都进入了一种悲情满怀、爱心爆棚的非理性的情绪之中。在这样的情绪里，好像没有人会让自己的思维往这边转：发生虐童事件的幼儿园只是极少极少的，会虐待幼儿的老师是极少极少的。好像只要这么想，就是在为虐童做辩护，甚至做帮凶。“极少极少是啥意思？极少极少就可以容忍了吗？不可以！一个也不可以！”好吧，这是对的，谁敢说不对？

而就在虐童事件闹得最火热的时候，人民日报微信公众号推出了一篇文章《大家都在说幼儿园“虐童事件”的今天，我们要给这些人“曝光”!》，文章说：“这几天，朋友圈被幼儿园‘虐童’事件刷屏了，在关注案件进展，相信相关人员会被依法依规严肃处理的同时，今天，也请给这些兢兢业业的幼教工作者以温暖……”

这篇文章把注意力投向了成千上万不断在付出、不断在操劳、不断在输出温暖和爱心的“看不见”的幼儿教师。它照拂到了幼儿教育的基本面，看到了那水面以下体量庞大的冰山整体。

就在那几天，我的一位写过幼儿教育题材的作家朋友，特意买了束鲜花，跑到一所幼儿园，送给了一位他曾经采访过的幼儿园老师。他说，接过鲜花的时候，那位老师流泪了。

不是所有的爱心都能得到证明，但依然爱着；

不是所有的付出都会有回报，但依然付出着；

不是所有的努力都会被看见，但依然微笑着……

这就是教师的责任感，似静水深流，也无风雨也无晴。

守望篇：

曲线的美学

当你凝视深渊的时候，深渊也在凝视着你。

——［德］尼采《善恶的彼岸》

不以毫厘之进退，看待万里征程

一种过度的、狭隘的、功利的教育成了当下许多人的“信仰”。它损害的不仅仅是无数个家庭的幸福，更摧残了亿万孩子的身心健康。我们必须把这个问题放到国家和民族未来的高度来看待。

择校的焦虑、升学的压力、培训的困扰、课业的负担，都构成了千千万万个家庭最真实的痛点。

所有人似乎都在做着最合乎自己和孩子利益的事，结果却是造成了群体的非理性局面，变成了一种群体的狂热，就像“剧场效应”，就像“囚徒困境”，就像那一个令人惊悚的“蛇阱隐喻”。

不科学的政绩观使教育人片面追求升学率，不均衡的教育现状使人们拼命追求“好学校”，不正确的成才观使家长盲目追求过度教育。

身为家长，只能改变我们可以改变的东西。我们不能再习惯于望子成龙，一味用高压的方式逼迫孩子死磕分数，驱赶他们去追逐所谓“好学校”，形成以“时间 + 苦读”为核心的升学路径依赖。

陷身其中的家长有诸多身不由己之处。但我们体会更深的是，我们越是焦虑，越是失去余裕，一切的一切就越是朝着与我们美好愿望相反的方向发展。焦虑感烤灼之下的过度教育，除了让家长付出多方面的成本（包括经济成本、时间成本、情感成本、生活质量成本等），更糟糕的是在孩子身上所收到的很可能全是负面“成果”：不但天天“遭罪”，而且还实实在在地身心“受害”；不但学不好，而且还可能厌学；不但没法“成龙”，而且连“成人”都大为可疑。

身为家长的我们，是对正在经受的煎熬有着深刻体悟的人，是对孩子现在的状态和未来的幸福最在乎的人。我们无比真切地认识到，在弥漫于全社会的浮躁空气之外，应该有一块更为从容、富有余地的空间，一个更为理性、有爱的微环境，应该让家庭成为守护孩子健康成长的最后一道屏障，让家长自身成为引领孩子走得更远的“关键先生”。

我们深信：

保持努力和善良的“成人”永远比即时的学业“成功”更重要。

始终葆有美好渴欲的成长永远比以身心健康为代价的升学更重要。

“水面下”的核心素养和高阶能力永远比“水面上”的分数和名次更重要。

在此，我们郑重呼吁：

让我们用正确的方式去爱孩子。

我们要好好珍惜与孩子共同生活的时刻。我们面对的是一个独立的人，不要试图把他们改造成仅仅满足于家长自身期望的样子。我们要从终身发展的视野，从整个人生的立场去看待教育的意义，不要过度迁就一些即时的、短暂功利性的需求，把一些不必要的负荷加诸孩子头上。

我们要尽力做不着急的父母，因为家长心里的着急和焦虑，一定会传导给孩子，变成抽在孩子身上的鞭子！

让我们尽可能地悦纳和懂得孩子。

我们要相信任何一个来到世间的生命都是造化偏爱的，是经过自然的优选的。每一个孩子都能找到自己最好的出路。我们要完善自己的家庭教育，照顾孩子的成长需求，抓住孩子早期发展能力的成长期和建立相信自己的机会，要减少过剩的控制欲，把握好放手的尺度。

我们要时时记得，不能把家庭教育窄化为家庭教学，要努力使自己成为孩子完美的“起跑线”，让自己的眼光和格局成为孩子自由生长的高高的“天花板”。

让我们营造一个和平有爱的家庭环境。

我们要让家里不“缺爱”，不要让着急的虚火带乱了成长的节奏和奔跑的气息，尤其是不能让焦虑毁掉基本的幸福感，在给孩子安全感的前提下给他们专注力。我们要懂得为在乎的人做出改变，做出妥协。因为在乎，我们才会变得更好。

教育孩子就是教育我们自己，教育是一场漫长的自我修行。

让孩子有充足的睡眠、运动和与艺术、自然亲近的时间。

无论是校内作业还是课外培训机构或家长自行布置的作业，都不值得中小学生熬夜去应付。无数研究结果表明，熬夜对于学业的提升毫无益处，而对身心的伤害却显而易见。运动不但使人更聪明，而且对于养成孩子良好的意志品质有着积极意义。与艺术和自然的亲近，可以让孩子的成长变得“有机”，在他们的心灵里沉淀下对于生活美好的想象和期待，赋予他们哪怕在艰难困苦中依然相信美好善良、热爱生命的信念和力量。这样的价值和审美力、想象力、创造力、生命力一样，也许不像分数那样直观可见，但却比后者要贵重千万倍。

我们要让丰富的生活成为广义的教育，不要让工具性的教育（教学）变成生活的全部。我们要把教育看成一种生命的成全，而我们所期望于孩子的，就是他们能成为“完整而幸福的人”。

让我们的孩子进入真正有效和有意义的学习。

有效的学习有赖于良好的习惯和态度，有赖于充分的自主和自觉。我们要引导孩子管理好自己，积极地去完成一项项富有挑战性的任务，去实现一个个有意义的目标，让思维不断进阶，让意志更加坚强，让想象持续升级，获得一种“到底不懈之力，愈远愈大之才”，成为一个真正意义上的学习者，也是一个“痛并快乐”的逐梦者。我们要认识到心灵和思维那些“看不见”的成长，要抓住孩子成长过程中水面下的“大鱼”：核心素养。

我们要知道，未来已来，今天的孩子都将生活在明天的房子里，而我们将不再在场。

生活是美好的，生命是美好的，我们要用最好的方式把握当下的每个瞬间，不能让着急和焦虑毁掉眼前和未来。我们要在任何匆忙境界中都有余裕心。对于孩子的教育和成长，我们应做到不以一日之得失来评判百年大计，不以毫厘之进退来看待万里征程。

让每个孩子的童年都带着朝露！

让每个少年的笑容都迎向阳光！

舍得 · 懂得 · 值得

当本该清澈的求知眼神变得酸涩而混浊，当本该静雅的学习姿态变成了一种疯狂的争夺；当孩子们的身边充满了咆哮和焦虑的驱迫，当那些普普通通的家庭，再也安放不下一张平静的书桌……我们还能认出教育最初的模样吗？

幼升小，小升初。学区房，补习班。忙培训，赶竞赛。人有病，天知否？

鲁引弓的小说《小舍得》，直击当今教育升学过程中的痛点，写了几个家庭在“不得不”为孩子追逐优质教育资源过程中身心俱疲的故事，读来令人感慨万千。它们其实已经不能被称为乱象或怪现状了，因为在今天的语境里它们显得那么“正常”，几乎构成了许多家庭的日常。

教育变馊了。家长的心态也被焦虑烤煳了。

没有必要复述和概括《小舍得》中妈妈南丽受的“新启蒙”、田雨岚打的“小算盘”，还有爸爸夏君山和颜鹏想过的那些亦正亦邪、有用没用的升学招数，无非是一个“比”字，一个“抢”字。一“比”就比出了不服气，一“抢”就抢出了挫败感。不上不下的中产阶层，上不能举重若轻地把事情搞定，下不能接受就近入学“有书读就好”的宿命，心有不甘，力却不够，于是只能“卡”在中间拼命挣扎、扑腾，任由一颗心在锅里煎熬，在风中凌乱。

在举世若狂“占坑”的群体压力下，在全民“抢跑”“抢资源”的升学风口上，又怎么能忍心责怪这些家长理性不足、定力不够？毕竟，小小的蝴蝶，飞不过沧海。更多的人习惯了顺流而下的无为，却没有逆水行舟的勇气。然而，对那些被家长驱赶着上一个又一个培训班、参加一场又一场竞赛的孩子，我却感到了心疼。我以前一直主张让孩子拥有一个“原生态”的童年，让他们从“零起点”出发自己摸索那条学习的小径，在懵懵懂懂中慢慢地

“自然醒”。可是，现在的整个环境不允许他们如一位教授所说的那样“孩子你慢慢来”，他们不仅被“催熟”，而且严重“超载”。他们所有表现出来的“优秀”，都将成为一种筹码，就像被装在麻袋里过磅称重一样被人掂量。而为了那一点表现出来的“优秀”，无疑是需要付出身心代价的。家长们貌似都懂得了“舍得”的道理，不舍，哪有得？

可为了那么一点点的得，被舍的又是什么？

这是《小舍得》中最后爸爸夏君山提出的质疑。

得到的是一个挤破脑袋也难进但终于进去的“坑班”，一所人人趋之若鹜的民办学校，失去的是什么呢？是“自由的灵魂”，是“个性，无畏，生命的想象，还有野性”。

得到的是升入名牌大学的更大可能性，以及建立在这个基础之上的成功幸福人生的空头的允诺，失去的是童年自由嬉戏的时光，是“一生中最初的轻快”。

我知道现在有一种声音很流行，说是你如果“放养”孩子，让他们拥有一个自由自在的快乐童年，致使他们无法在学业上占得先机、取得优势，无法在班级里获得存在感、成功体验，那么他们会在以后的日子里不快乐。“孩子求学路上你流的泪，都是你当初脑子进的水！”这里我没有那么多兴趣来辩论这件事，只想说，生活是绵延的、连续的，生活不能被截然分割成“受苦”的部分和“幸福”的部分，“奋斗”的部分和“享受”的部分，不能把“今天”当作可以被糟践的手段却把“明天”当成至尊至贵的目的，人生本来就是一个过程，更何况，今天的痛苦换不来明天的幸福，上了北大、清华的就幸福得升天了？念了职高、中专的就痛苦得在地上打滚？

鲁迅曾说：“将来是现在的将来，于现在有意义，才于将来有意义。”我们不能指望通过今天对孩子童年、少年无情的掠夺、消磨、损耗，来收获一个积极、阳光、富有创造力、能感受幸福的青年、中年。情形恰恰相反，太多穿越了中小学“黑暗岁月”的人，在如愿上了大学以后就完全丢弃了对于学业的兴趣，他们在高考结束以后就把所有的书籍和笔记付之一炬。

电影《太空旅客》中，一群人奔赴一个遥远的星球，可是途中两个人提早醒了，而且相爱了，他们注定到不了那个目的地，可是他们真的度过了幸福的一生。其实，一切无非是旅程。不能领会过程之意义的教育，正是反教育的。

即便是从培养一个人的核心素养和高阶能力这个角度来看，靠抢跑，靠占坑，靠死磕，靠题海，也是于事无补的。“揠苗助长”和“竭泽而渔”这两个成语已经说明问题。怀特海非常看重“充满想象力的探索”，认为知识本身并没有那么重要，重要的是“在知识和生命热情之间架起桥梁”。而当今这样的教育生态，最可怕的正是一点点泯灭了孩子的生命热情。

被格式化的教育和被权力化的知识，都很强大，很可怕。

这种直奔一个升学目的而去的教育，张着血盆大口，总想吞掉一切，包括个性，包括无用之用，包括有趣，等等。这样的教育好像只爱“整数”，不喜欢也无法容忍有“零头”，有枝节，总要把一切都修剪得合自己心意，总想把一切都除光，没有“余数”。

没有“余数”，就只有被规定和驯化的孩子！

我担心你跟所有人一样

又担心你跟所有人不一样

这是几米漫画里的句子，耐人寻味。

我曾跟朋友半开玩笑地说，看现在越来越“高级”的中小学教育，看所有那些从幼儿园到中小学超前学习的内容，以及培训班上难倒博士妈妈的“聪明题”，好像接下来这几代玩命学习的孩子在智能上越来越厉害，反衬得我们这些 70 后、80 后像白痴一样了。真的是这样吗？完全不是这么回事。因为智能是多元的，因为核心素养和高阶能力恰恰不是靠拼命做题、靠直奔应试的培训得来的。它们是那点儿剩下来的“余数”。

从某种意义上说，死命培训、埋头做题，恰恰削弱了一个鲜活个体的核心能力。所谓的知识（哪怕看上去是最灵活的知识）在培训班上经过炒、蒸、炖、炸、熏等多道工序，也都变成了烂熟的纯然记忆的东西。它们与想象无关，与生命热情无关，与原始的对世界的好奇和兴趣无关。它们称不上是有意义的学习。而有意义的知识学习本该是怎样的呢？如怀特海所说："就像刚从大海里捞出来的鱼一样新鲜地呈现在学生的面前。"

这也是为什么有好多次我与鲁引弓聊天时，对当今教育生态抱有一种深沉的忧思，对今天"被驱不异犬与鸡"的孩子们心生悲悯的原因。他们几乎被舍去了一切，却得不到真正有价值的东西。

我还是要重复以前说过的话：不要让教育变成生活，要让生活变成教育。

一个奶奶牵着孩子过马路时都让他做算术，一个妈妈牵着幼儿学走路时都要他回答"老虎"的英语是什么，一个爸爸陪着孩子在饮食店里等着上面条时都做一张数独卷（这样的情形都是我屡次亲眼所见亲耳所闻），如此狭义的教育，似乎成为太多家庭生活的主题。

所有人都很重视教育是吗？如果这就是所谓的教育，那才是最可悲的。李镇西一针见血地指出：家庭教育不是家庭教学！可有多少家长明白这一点？他们只是感慨：今天当父母真不容易，又要花钱上培训班，又要陪着学这个学那个！事实上，跟以前我们的父母辈相比，今天的许多父母也许是更不够资格的。跟让一个孩子养成良好的意志品质、行为习惯、学习态度等相比，那点金钱的付出、知识的灌输、技能的培养简直就是微末到可以忽略不计的。别以为送他上培训班、陪着他做功课才是教育，这些真的微不足道。

正如孙云晓在《小舍得》这部小说封底所写的：父母是防止孩子"童年恐慌"最重要的防线。父母没有必要提前吹哨，逼迫孩子跟跄抢跑，因为只有心平气和的孩子才能健康地成长。

难以想象，普遍焦虑的父母将造就怎样的下一代。

真正的教育是在哪里发生的呢？

在无处不在的生活里。在一个有爱有宽容的家庭氛围里。在父母不被恶习带乱节奏的从容淡定的表情里。在自己起早贪黑的劳动伦理和必须承担的家庭责任里。在孩子学习时自己也手捧书本阅读的宁静身姿里。在有条不紊地整理家务时还能哼唱歌曲的那份愉悦里。在用自己努力追逐梦想的行动来诠释自强不息意义的示范里……身为家长，要珍惜，要感恩，要善良，要从容，要奋进，要追求，要永远怀着满满的爱去生活。

我经常说，根本不存在什么好学校坏学校的起跑线，家长才是孩子的起跑线。即便你没有在培训上投入一分钱，即使你所做的跟“教育”两字看似无丝毫关系——教育就在那里真实地发生着。

孩子并不需要你完全把他当作生活的中心，他知道真正的“中心”无非是他的学习和成绩。孩子不需要你全身心扑在他身上，你以为是“有效陪伴”，其实不过是凑近他、围着他、盯紧他——做作业。孩子不需要你用“为你好”的名义对他实施全方位的控制。孩子不需要来承担你未遂的心愿或者他不能承受的期望。对于你自以为全情的付出，他可能会不领情，他会喘不过气来。如果一个家庭的成败荣辱系于稚子，那显然是极其变态的。他不想成为“学习动物”，只想做一个简简单单的自己。

所以为人父母者请别自作多情，别轻易被自己一厢情愿的付出感动得热泪盈眶。

有可能，你的所舍，正是他所需。

而你万般珍视的所得，其实与他无关。

什么是教育最本初的模样?

我在这里不想引经据典，用两位认识且相当佩服的教育界人士分别说的八个字来描摹吧。

一位叫俞正强的特级教师、校长说：保持努力，保持善良。

一位叫朱永春的班主任（他总有本事把全校最后一名的班级带到第一名）说：正常育人，育正常人。

教育最初的模样，应该有着如鲁引弓所说的“一生中最初的轻快”。早早放学，日落前做完作业，即便不可能在漫山遍野或大街小巷里撒欢，也有余裕抬头看看星空，或者低头嗅一嗅栀子花的幽香。上学的路上总在奔跑和欢笑，童年和少年的感觉里，清晨时分的空气是那么清新，每一个梦想都带着晶莹的朝露。这其实就是我们小时候的状态，并没有特意美化，尽管物质匮乏，条件简陋，但眼神清亮，心灵饱满。可是，说句实话，今天连这么一点回忆，似乎都显得奢侈了，几乎每个人都会哂笑：别，别，别说这些没意义的，面对现实吧。

还是会有独立的判断和选择，还是会有挣脱绑架的一股力量。《小舍得》中，夏君山毅然带着两个孩子到异国海岛“深呼吸”去了。我不知道他们回来后是不是还要去面谈，还要去挤那扇升学的窄门，至少在那一刻，他们除了眼前的苟且，还有诗和远方的皮皮岛。

我知道，没有人会因为一部小说、一篇文章、一番道理而改变自己执着追逐心目中优质教育的步伐，人毕竟是深深地嵌入现实的机体之中的。哪怕印度电影《起跑线》的结果，也只不过是“主题正确”主导下的曲终奏雅罢了。但是无论如何，对于重负之中的孩子，可以有蓦然之间的一点心疼，应该让他们做一个长长的深呼吸。这不是舍不舍得的问题，而是懂不懂得的问题（是否懂得教育和成长的真谛）。只有懂得，才会值得。

"小欢喜" 背后的忧患

不出所料，电视剧《小欢喜》一经播出即成全民话题。因为笔者与该剧原著作者鲁引弓是老朋友，经常一起聊教育，聊小说，而且还专门应鲁引弓和花城出版社之邀，写过一本主要以鲁引弓几部教育题材小说（《小别离》《小欢喜》《小舍得》《小痛爱》）为论题的书《你是孩子的起跑线，也是孩子的天花板》，所以在看这部热播剧时更感五味杂陈。

坦率地说，浸淫于教育专业媒体几十年，自称为"教育观察员""教育评论者""教育体验师"的我，有些倦于谈论教育的话题了，总觉得所说的一切都像嚼了太久的甘蔗，已吮吸不到意义的甜蜜了。美好的教育理想往往完败于残酷的现实，自认为科学健全的育人理念也只不过沦为无人倾听的喃喃呓语。记得2016年5月，鲁引弓在参加了我《教育是柔软的》一书的分享会后，两人一起喝咖啡聊天到深夜。当时他的《小欢喜》写作正进入最艰苦的阶段。面对当前的教育生态，我们所谈的没有半分"欢喜"，几乎全是"忧患"。这份忧患，不但指向置身于此种生态中备受折磨摧残的万千个体生命，更指向正在走向世界中心的我们国家与民族之未来。

不过，尽管意识到话语的无力和忧患的深沉，我们还是执着地在表达自己的教育价值观。去年夏天，我与鲁引弓一道赴广东参加了一系列论坛活动。仅从论坛名称也可以看出我们努力从"忧患"中找到一些"欢喜"的企图："教育要为孩子的幸福负责""怎样的教育才是适度的?""题海中，给童心加点爱""抢跑时代，拿什么让孩子快乐一些?"……我们不断地重申着"立德树人"的大教育观，不断地重复着教育是一种"柔性智慧"、育儿是一种"温情守望"这样的理念，因为我们确信，教育没有什么特别的秘密，人们需要从焦虑回归理性，从狂热回归适度，从谵妄回归最基本的常识——而常识，需要一千遍的重复！

也许因为原著比较真实地呈现了当前的教育现状，尤其是所有情节都尽可能地贴合家长们“在风中凌乱”的不那么明媚的心态，尽管已经把忧患感、沉重感尽量稀释了，但定位为“都市轻喜剧”的《小欢喜》给观众的观剧感受仍然不可能太“喜剧”，就像很多年轻观众在网上追剧时所发的弹幕里吐槽的那样：“被片名骗进来了，没想到是悲剧……”“赔我的眼泪……”

观剧心理就是这样，人们总习惯于把自己代入到剧情和人物，然后把自己现实中的愿望和悲伤一股脑儿投射到荧屏之上。前段时间，借由《小欢喜》，微博大V、微信公众号和报纸版面上几乎无死角地奉上有关育儿、家庭、职场和人生的形形色色的鸡汤：“真正的母爱是一场得体的退出”“为什么我们满嘴是爱，却面目狰狞？”“父亲的格局母亲的情绪，是一个家最好的风水”“生活就是在玻璃碴中找钻石”“家的温度取决于家人一起吃饭的次数”“给孩子笑脸的背后，是中年人的一地鸡毛”“父母才是这个世上最大的备胎”……我又何尝有什么新鲜的见解？不过还是一些常识的絮语。这里不妨摭拾几个碎片，趁这个机会继续重复几句吧。

什么才是对孩子最适当的爱和管教？第一，对孩子的要求是他做得到的。第二，对孩子的关爱是他所需求的。第三，对孩子的奖惩是他所理解的。这三条原则，尤其是第一条，值得每一位身为父母者细细咂摸。我们都太习惯于说“逼一逼，孩子才会进步”这样的话，理论上都没错，但问题是父母未必理解孩子的兴趣志向，未必清楚孩子的能力边界，未必把握得好自己的情理分寸感，结果步步紧“逼”就把孩子逼到绝境，就把自己逼成疯狂。《小欢喜》中乔英子出走跳桥一场戏为什么引发全网高潮？因为乔英子喊出了太多孩子内心里隐秘的愿望——身为父母者，请看看那满屏的弹幕吧。没有人可以控制一个生命。《正面管教》一书的作者明确地说：“过度控制的管教方式对于十几岁的孩子来说是灾难性的。”其实想要控制也不太可能，你越是试图要控制他们，他们就越是不屈，并且越是远离你。

什么才是成熟的亲子之爱？不是所谓的“为你好”，而是一个生命承诺另一个生命的决心。面对孩子种种值得赞赏时表现的赞赏和爱，谁不会？只有在孩子许多方面包括学业表现不佳时，他自己也在经受着煎熬时，仍然给予温暖的微笑、宽慰和帮助，这个时候的“爱”，才是来自父母的永远不可被取代也不容剥夺的真爱。《小欢喜》中黄磊扮演的方父，面对儿子是“学渣”的现实，面对自己中年失业的窘境，仍然显得理性、从容而不抓狂，“在任何境界中都有余裕”，让有仪式感的生活润泽生活，殊为难得。

所以我一直说，教育孩子，实际上就是教育自己。我们不但是孩子的起跑线，更是孩子的天花板，原生家庭的健康指数是孩子的起跑线，父母的格局大小和心智成熟度就是孩子的天花板。我们总是给“望子成龙”心理赋予很高的正当性，可是凭什么呢？我们在对孩子的表现失望之时还很喜欢咬牙切齿地说“恨铁不成钢”“烂泥扶不上墙”，可事实就是并非所有的铁都能炼成钢，并非所有的泥都能扶上墙，如果不从孩子实际的兴趣点和能力值出发，只是一味地苛求他们去做自己不想做、做不到的事，那么除了让亲子关系变得恶劣，让父母和孩子一同经受挫折感、失败感的折磨外，不会有任何收获。

今天很多父母之所以固执地、不惜血本地要让孩子上名校、读民办，逼着他们熬夜做题，赶着他们拼命补习，除了出于一种随大溜的从众心理，出于一种对未来不确定的集体无意识焦虑之外，恐怕多少还有一种“复制”心理和“补偿”心理在起作用。

“复制”心理：我自己当年就是通过苦读，通过一遍遍刷题，终于在残酷的竞争中考上大学，从而改变了自己的命运的。灌输怎么啦？填鸭怎么啦？应试怎么啦？人生就是由一道道关卡构成的，过不了关，就不可能有幸福。只要今天整体上的应试环境不变，你就得给我死磕！这正是剧中方一凡母亲童文洁的真实心声。

“补偿”心理：我小时候没条件好好上学，上学的时候也没有好好念书，结果一事无成，老大徒伤悲啊。你得给我好好念书，培训班咬着牙也得上，读书升学，是我们改变命运的唯一机会呀。

《小欢喜》原著中，乔英子的妈妈宋倩颇得意于自己的经济状况，说：

“我受过教育的恩泽，所以最知道‘教育概念’意味着什么……我的经济基础都与‘教育’有关。”这是她玩命拼教育的心理动因。到了电视剧里，她的控制欲更是强到令人瞠目的程度，而这样的虎妈在今天屡见不鲜。

不再重复了，相信电视剧《小欢喜》能带给人更多的触动，而人的观念和行为会因为这种触动的累积或多或少发生改变。

我又一次想到了小时候那些无忧无虑的读书时光。想到了童年、少年如风一般自由的奔跑和漫想。想到了乡野之间不曾错过的每一缕春光。今天的教育怎么了？为何再也没有了从容和优游，少了人与自然之间单纯的亲近，少了和煦的春风和明媚的心境？让我们再一次确认，什么是教育真正的荣光：让孩子成为完整而幸福的人。

家长好好学习，孩子天天向上

网上这样的爆款文章有很多：《从电击疗法到豫章书院，为什么戒网瘾逃不出暴力手段?》《从杨永信到豫章书院，暴力虐童的“戒断网瘾”外衣就这么难揭穿?》《从杨永信到豫章书院：你是有多恨孩子，才把他们送去戒网瘾?》《从豫章书院关停看中国最差家长：自己是猪，望子成龙》……像交叉感染似的，标题竟都是一样的“从”字体，一样的质问腔。

豫章书院，是一所近来被媒体曝光对学生施行了种种非人道的体罚、凌辱、虐待黑幕的“戒网瘾学校”，其暴力指数令人触目惊心。不少“行走学校”里那些不堪的暴行，近年来其实早已进入公众视线。有的孩子被虐致死，有的被打受伤，有的被逼得险些自杀，还有人在经历噩梦般生活后回家勒死了母亲……至于被管教得瘟头瘟脑、被惩戒得心理扭曲的人更不在少数。

真正虐心的，是仍然还有很多家长对此类机构抱着不切实际的期待，比如处于舆论风口的南昌豫章书院关停后，竟有许多家长在书院门口打横幅支持书院，为书院“加油”。

一

这几年，面对各种教育相关的话题，我常常处于失语的状态。有太多的感慨，却不知从何说起。我内心的那种苍凉感和无力感，越来越浓烈。

因为在今天的教育大气候下，我秉持的教育理念显得那么不合时宜。

我所相信的美好的教育是怎样的呢?

是柔软的，而不是坚硬的。是智慧的，而不是死磕的。是因材施教的，而不是整齐划一的。是个性化的，而不是标准化的。是注重自我生长的，而不是强调灌输和控制的。是唤醒的甚至是自然醒的，而不是催迫的甚至棒喝、棍打的。是凸显过程性的，而不是只看重结果的。是瞩目于长远和终身发展的，而不是只盯着即时和短期目标的。是懂得妥协、退让、曲折、延宕、等待、包容的，而不是用一种机械的、线性的、驱赶的、高压的甚至暴力的方式去强制规训的。

我认为生命的“成全”比所谓的“成功”更重要，或者说教育追求未必看得见的成功，它是一种成全——让人成为一个善良、努力、正直的人，一个有核心素养的人，一个能感受和创造幸福的人。教育的终极目的，是引领人走向自身的完成（fulfilment）而不仅仅是追逐在某一个层面或事项上的成功（success）。

我知道，在很多人眼里，这样的理念是空洞的，是不接地气的，是飘在半空中的，是看上去很美的……它管用吗？对矫正不当行为有用吗？对提高考试成绩有用吗？对小升初、读重点高中、上北大清华有用吗？我不知道。

理念在现实的功利需求面前往往不堪一击。我曾看过一个节目，衡水中学的校长与教育学者杨东平等人在一起谈论“衡中现象”，从头到尾，校长都是口气强硬，底气十足，甚至有些咄咄逼人，相形之下，主张教育要少一点严苛控制多一点自主空间的杨东平反倒显得气场很弱，最后他几乎是只能嗫嚅着建议“学生吃饭的时间多一点”“跑操的时候不要看书了”。而在该校的网站上，早有学生家长撰文讥嘲杨东平，标题赫然就是《杨东平要是衡中校长，就该给他几个耳刮子》。

用“柔软”去碰教育现实的“坚硬”之墙，无异于以卵击石。可是，“若要在坚硬的高墙与击石的鸡蛋之间做选择，我会永远选择站在鸡蛋一边。”这是村上春树在一次演讲中说的话，我深以为然。

站在鸡蛋一边，因为它与生命相关。

我们永远都无法在教育理念问题上去强求别人的认同，具体到家庭里更是如此。教育孩子不是拔河比赛，谁用力谁就能赢。没错，谁更用力，谁更固执，谁越不肯退让、不愿放手，绳子越会被拉到他那一边，而另一头的人会选择松手。这不是因为另一头的人没有力量，而是因为他有顾忌，更明理，所以选择妥协。请记住，两人拔河的那根绳子，中间套着孩子的脖子。

这就是一种柔软。柔软，其实需要更大的力量，也拥有更宽广的胸怀。

二

而一些校外机构，它们得以存在的基础就是“坚硬”，就是“死磕”，就是“强制”，就是“控制”，就是“高压”，就是“规训与惩罚”，就是“只看结果不重过程”，就是“只要‘成功’不择手段”。它们信奉的就是“坚硬的高墙”哲学。它们是“拔河比赛”中最用力最使劲最无所顾忌最不肯放手的那一方。为了所谓的“赢”，它们不惜牺牲孩子的生命。

有人会说，这些孩子已经偏离正轨太远了，他们沉溺网络，无心向学，行为失范，难以自拔，所以需要动用非常规的强硬手段把他们拉回来，无论是关黑屋子还是动用“龙鞭”，都是必需的。所以，扔掉教育那温情脉脉的面纱吧，让人生显露出它峥嵘甚至有几分狰狞的面目，这些“问题少年”只有在与命运狭路相逢的残酷境遇里，才能回到正确的航道。

那些据此牟利的机构抛出这一套说辞，也还罢了。糟糕的是有很多的家长也对此深信不疑。我这么说可能很多人不服：那些会把孩子送去戒网瘾的家长，跟天天忙着把孩子赶到培训班的家长，从本质上是一样的。因为他们有着一样的逻辑，一样的执念，即相信坚硬、死磕、强制、高压……

我一直说，一个人在教育问题上的思维方式是否成熟，重要的标志是能分得清因果关系。

如果你这么想：因为孩子过度上网，厌学厌家，什么话都听不进去，什么软硬兼施、赏罚并举的手段都不起作用，所以我只能把他送去戒网瘾，只能强硬、死磕到底，只能花钱请人“修理”他……那么，你只会在偏执的道路上继续狂奔。

真正的教育思维必定是反思性的。家长必须自问：是不是因为我控制欲太强，是不是因为我太过娇惯，是不是因为我总是压制他的兴趣，是不是因为我把自己的所有愿望都投射到孩子身上“望子成龙”，是不是因为我从来不曾认真倾听孩子的诉求，是不是因为我自己不爱学习，是不是因为我整天看手机成了“低头族”“拇指族”，是不是因为我们身为父母的没有学会好好相处老是吵架，是不是因为我自己也有手机瘾、麻将瘾、网剧瘾、好吃懒做瘾，是不是因为我承担主要责任的家庭环境本身就像个戾气横行的轻量级行走学校……才导致孩子迷上网络游戏，不再阳光，厌家厌学？

当你这么想，孩子就不至于走到要送行走学校的地步，即便真到了管教无方的程度，孩子也还有挽救的希望。亡羊补牢，犹未晚也。因为唯意识到问题所在，才可能有转机。

这句话我常说，这里还是忍不住重复一遍。人们总说“可怜之人必有可恨之处”，但育人者必须反过来想：可恨之人是否有可怜之处？

哪怕孩子让你失望透顶，让你愤怒到咬断钢牙，当你触摸到他的“可怜之处”，感受到他内心的灰暗时，那么一切都有反转的可能。记得读东野圭吾的《解忧杂货店》时，这句话曾带给我很深的触动：“他们内心有破洞，重要的东西正从那个洞中渐渐流失。”每个问题孩子内心里都有这样的“破洞”，这样的“可怜之处”，只有你意识到了，并且尽可能地去体察理解，才有可能找回“重要的东西”，去修补这样的“破洞”。

命运不是别的，命运是你身边的人。家长就是孩子的命运。家长懂得孩子的成长心理，尽可能恰当地照顾其需求，会不断尝试沟通，善于倾听和理解，知道与人共情，那么孩子就是有福的。家长只相信棍棒，只知道责骂，只会唱“考试歌”，只会念“紧箍咒”，只会在或放纵宠溺或死命管束的两个极端荡秋千，那么，孩子就一定是不幸的。

生活中没有上帝视角，没有人拥有支配另一个生命的绝对权力，即使有一些所谓“成功”的案例，即使用“我是为你好”的名义，也不要轻易挥舞那一把貌似“管用”的戒尺。

三

我并不太赞同那些爆款网文里对于家长的尖刻嘲讽，能说出“自己是猪，望子成龙”这种话的人，骨子里就有一种对简单粗暴的迷恋。家长有可恨处，也有可怜处。他们的可怜归结为两个字：焦虑。

忍心把孩子送去戒网瘾的家长，对于那些“军事化管理”的机构里可能会有的暴力手段不会毫无知觉，但他们太焦虑了，孩子的行为让他们手足无措。几乎是在走投无路之下，他们会考虑用这样的方式转移焦虑。而那些无良机构刚好瞅准了这样的机会，利用他们的焦虑乘虚而入。很多的培训机构则利用家长对孩子的学业焦虑，招徕生意。

然而，根本的问题还是出在“最没用”的教育理念上。在育人上，太多人追求的都是马上奏效的短期目标，用的都是非好即坏的直线思维，想的都是强控严管的狠招数。如果眼神能杀人，就让眼神凌厉似剑。如果呵斥有用，就让怒骂响彻楼道。如果电击管用，就让电流远远超过安全阈值！

虎妈很多，多到让人心惊。有多少虎妈就有多少在恐惧中瑟瑟发抖的小身影。虎妈会发狠，会发疯，会失控，某种程度上也会施虐。骂孩子甚至打孩子其实也是会上瘾的，一旦开始打骂就会成为很难改的习惯。虎妈失控起来也很可怕，未必比戒网瘾机构里的教官更心慈手软。电视剧《小别离》中，海清扮演的妈妈有一回因为某个缘由准备好好责罚一通孩子，她怕自己失控还事先服用了一种药物，怕药效不够还过量服用，结果自己倒在了家里。从这个桥段可知，对孩子的摧残，往往是从家庭开始的。

有人总爱拿“励志”说事儿。比如，举出印度电影《摔跤吧！爸爸》说：看，这个印度虎爸用一种残酷的方式培养出了摔跤冠军！我真奇怪，这个虎爸明明只是为了补偿自己年轻时断送的冠军梦才强迫女儿练摔跤，他所做的一切纯然出于自私，即使女儿成功了，又怎么样呢？这部电影在国内票房口碑俱佳，居然没什么人对其价值观提出质疑，只能说明国人在孩子教育的问题上越来越“虎”，心越来越“硬”越来越“狠”了。教育者简直成了驯兽师。这样的励志，几乎可以用一句话来概括：举起你的鞭子！

人不是机器，作为一种碳基生命，不但有身体层面，更有心灵层面。生命有其无可比拟的复杂性，人的成长靠的是化育。疾风暴雨无法涵养身心。

你肆意打击孩子，他的心里可能早就鲜血淋漓，但没人知道。你吝啬自己的阳光，他也会不自觉地关上心灵之窗，让自己陷于长久的黑暗。你硬生生地剪除了一点“坏念”，那里也许会长出更大的“恶之花”。你用暴力修正了他的某个缺点，可能打开了一个潘多拉的盒子。你自以为抓住了他的阿喀琉斯之踵，控制的结果却可能是仇恨萌生的原因。

柔软的教育不是迁就，而是有更多的耐心，更多的智慧，对于任何一个生命都有所敬畏。要认识到自己的无知无能，也理性看待自己的无奈和无助，但最后请选择相信，相信孩子，相信这一个天地造物精华本就具有的善良和美丽。记不得是哪位优秀教师说过的，无论把教育怎样做到家，孩子还是会犯错误，犯到第200次，他依然相信下一回会改好。要做到这十分之一的程度就不容易，需要家长好好地修炼自身。

还是这句话：好的教育是以家长的自我完善为起点的。家长一定要做个明白人。

家长好好学习，孩子天天向上。

守望的距离

教育孩子，其实是与自己本能的一场搏斗。

比如，看到孩子摔倒，父母的本能是立刻扶起来；嫌孩子扣纽扣太慢，本能是马上伸手帮他做；眼见孩子被另一个孩子“欺负”，本能是赶紧拦着、护着，甚至不惜与对面的大人言语冲突……本能的特点是“忍不住”，是没有分寸的出手介入，是随时随地发作的控制欲，是对孩子一切愿望的即刻满足。

父母本能地希望孩子的成长在精准的控制中、在设计好的轨道上平滑地实现。但其实每个人都是在摔打和挣扎中长大的——不在你的视线之内，就在你的视线之外。

对孩子来说，没有早一点摔倒并学着自己爬起来，就可能会在以后栽更大的跟头；没有今天的慢，绝不会有明天的快。对父母来说，如果一直试图紧紧控制孩子的一切，当孩子渐渐长大脱离你的视线时，就可能会真正失控；没有今天的放手，就没有明天的放心。

所以，不妨让孩子在草地上打个滚，哪怕弄脏了衣服擦破了皮肤；让他自己学着去洗澡，哪怕把淋浴房搞得一片狼藉；让他帮着收拾餐桌，哪怕屡次打碎了碗碟；让他在沙滩上建造城堡，哪怕动作太笨拙而城堡又太难看……忍住你的心疼，咽下你的责骂，管住你伸手的冲动，退到一定的距离外，看着他在似乎糟糕的局面里去面对挑战，发展能力。

美国儿童心理学家鲁道夫·德雷克斯说过一句著名的话：“永远不要替孩子做任何他力所能及的事。”成长是无法替代的。而孩子成长过程中最大的浪费，就是剥夺他们发展自我能力、整合知觉并且获得信念感的机会。什么样的信念感？就是“我也可以做到”的成功感，是“因努力而快乐”的价值感，是不断滋生的对于美好的饥渴感。这些感觉对孩子来说当然是朦朦胧胧的，是无法言说的，但它们是真实存在的，并将影响其以后漫长的人生轨迹。

一部热播剧里，不断出现名篇《触龙说赵太后》中的这句话：“父母之爱子，则为之计深远。”如何才叫“计深远”？在我的理解里，就是在孩子还小的时候，父母不是出于本能去控制他，也不是出于本能去宠溺他，而是要在养育过程中，不断激发他自身的潜能和内驱力，唤醒他追求自我实现和完善的意欲，养成他未来走得正、走得远的信念和本领。

唐僧可以用紧箍咒牢牢地控制孙悟空，但高压之下“头痛”的孙悟空对于取经事业是没有热爱的，反而多有怨气、愤怒。只有当其自身产生了对于“修成正果”的强烈渴望以后，才能以大无畏精神去历经劫难求取真经。唐僧其实是一个成功的守望者、引领者。

守望，而不是控制，才是育儿的“真经”。

守望是需要距离的。这个距离可以是空间上的，多给孩子一点自由的权利、自主的机会；也可以是时间上的，多给孩子一点等待的耐心、热切的关注；更应该是精神上的，让孩子始终葆有一种对于美好的渴望和向往。正如《小王子》中所说的：“如果你想造一艘船，不要抓一批人来搜集材料，不要指挥他们做这个做那个，你只要教他们如何渴望大海就够了。”

我愿意等上一辈子的时间

我们经常是一边嘴里念着“孩子你慢慢来”的经，一边却在有关孩子的任何问题上都不停地催促着：“快点！快点！”快做作业快吃饭，快点上床快睡觉……

我们经常是一边用诗意的语言表达着“要学会等待”，要“倾听花开的声音”，一边却像那个揠苗助长的宋人，一时未见孩子学业上有什么进展就恨不能伸出手去，恨不能把那禾苗连根拔起，恨不能把所谓的知识直接灌进甚至拷贝进孩子的脑子里。

就是这样，我们还是太着急，太着急了！而且我们似乎总是低估自己的这份焦灼带给孩子的心理压力，没有想到自己的意志强加会让他们觉得生命的意趣都淡薄很多。

还记得鲁迅的文章《五猖会》吧！他怀着多么美妙的心情，等待着去看那一场赛会，可是一切都被父亲的那句话毁了：“去拿你的书来。”7岁的小鲁迅就在众人迫切的目光下背起了《鉴略》，等他终于能够顺畅背诵完毕以后，他心底里那份美好的感觉已如潮水般消退，路边的风景、船上的点心、五猖会的热闹……这一切“对于我似乎都没有什么大意思”。

曾经看到过一个节目：记者不断地向一个男孩提问，男孩的回答都是“不知道”，记者见实在问不出什么来就“带了一点放弃的感觉”，准备收话筒了。这时候，那小男孩却突然号啕大哭起来，还捂着肚子倒在了桌子上，他肚子疼。记者大惊失色。后来她才慢慢明白过来，是她脸上的那一点点放弃的表情，那一点点几乎不可察觉的懊丧神色，让小男孩意识到了自己深深的失败感，而那样的失败感甚至会直接表现为身体上的不适和疼痛。

孩子是多么敏感，他们可以从我们脸上捕捉到所有的信息，并且把那信息转化成促进或者阻滞其成长的心理能量。对孩子来说，我们的目光是否温暖，我们的笑容是否真实，我们的耐心是否足够，我们的信心是否饱满，比有没有说上一百遍“你很棒”都更为重要。请相信这一点，只要我们在孩子教育问题上有一点着急的意思，他们就会体会到自我价值感的失落。

着急和焦虑来自哪里？在很大程度上来自横向的比较，来自“别人家的孩子”的存在。一些家长动辄攀比，似乎不把自己的孩子跟别人放在一起比较就找不到“定位”了，所谓的进步或落后就失去了根本依据——其实我们一直强调，每个孩子都应该跟自己比，价值感、成功感的源头活水必定是自我的努力。学校的一些做法也能把家长的心搅动得波涛汹涌，老师的一句话可能就会煽起家长的焦虑之火。比如，每次考试后都发信息给家长，告知其孩子的名次；家长会上隆重表扬某位全能型的“别人家的孩子”，让大多数家长瞬间不再淡定，只想着接下来该如何给孩子报兴趣班、补习班，好好强化一番，迎头赶上……

我的孩子今年 4 岁了，听幼儿园老师说，他的注意力很是欠缺，不但自己不肯好好坐着听老师讲故事，还老要站起来干扰别人；几乎从来没有好好地吃完一顿中饭，而且因为经常请假，每天又只去半天，所以一个学期下来，竟然连一幅涂色画都没有完成，是班上唯一在此项作业上留空白的幼儿。班上有的幼儿已经会画画了，有的幼儿都认识一百多个汉字了，有的幼儿会自己穿袜子了……听了这些话，哪怕我自诩已经被“现代化教育理念”武装过，也不免着急起来。于是，此后的一段时间，我开始有意地加强了一些“训练”，而当他的表现不能令我满意时，我的声音不自觉地高上去了，我的动作下意识地变生硬了，我的语气明显地不耐烦起来，脸上也流露出了丝丝失望的表情，甚至还有一点莫名的愤怒……那天，在我又一次忍不住发出训斥的时候，他忽然抬起头，有些惶惑又有些抗拒地盯着我看，然后说：“不要！不要！”

看着那一双清澈的眼睛，我忽然认识到，自己正在变成一个长期以来我反对和反感的人。平日里说过的那么多漂亮话，在一个现实的情境里，居然如此轻易地就崩塌成了碎片。我承认我的着急有一点道理，因为对一个孩子来说，三四岁是其习惯养成、智力发育的重要时间窗口，身为家长需要承担相当多的责任，可是，无论如何，只要我着急了，我在孩子眼里就会变成一个彻头彻尾的“暴君”。我想施加自己的意志。我想当然地驱迫着他往前走。我忘记了“兴趣激发”“游戏互动”“和风细雨”这回事。我把目标看得超过一切。我放纵了自己的塑造欲望。我让他失去了对“学习”的原发的趣味。我的心里只有“我，我，我”，却浑然没有想到体贴孩子内在的需求。我成了一个极度自私的人。

此后的一段时间，儿子不再喜欢我的陪伴，常常嚷道：“爸爸走开，爸爸走开!”

我们从新闻中看到过“虎妈”“狼爸”用过分的手段管教孩子的故事，其中有的貌似“修成正果”，有的则不幸酿成惨祸。感叹或唏嘘之余，我们更需要的是反思和自我提醒，反思自己身上是不是也携带着虎狼的基因？是不是也潜伏着一股蓬勃不可抑的控制欲？提醒自己，别着急，慢慢来，慢慢来。

我精读过一位作家的《孩子你慢慢来》，那是四年前我孩子刚出生时朋友送我的。我产生过很多感触，也做了不少笔记，但遗憾的是“慢慢来”的理念似乎并未真正沦肌浃髓。我们都一样，都需要在最切实、最琐碎、最烦乱的情境里去践行平日里悬空着的教育理念，咂摸出其中的万般滋味。

作者写道：我，坐在斜阳浅照的石阶上，望着这个眼睛清亮的小孩专心地做一件事；是的，我愿意等上一辈子的时间，让他从从容容地把这个蝴蝶结扎好，用他5岁的手指。

我，也愿意。

《曾国藩家书》的教育之道

不欲爱之以姑息

近几年里，读了两遍《曾国藩家书》，感触颇多。我对于从成功学、权谋术等角度去探寻曾氏的发迹史或官场韬略毫无兴趣，我所属意者，是这位中年以后几乎一直置身于官场和战场中枢位置的人物，如何给自己家里的子弟讲一些日常的事情，说一番细碎的道理。应该也是受益于曾国藩厉行的家教，曾氏后人中出了不少在外交、科技、教育、艺术等领域卓有建树的人才。以“后效”观之，曾氏家教必有其可取之处，能给人们带来一些启发。

教育当从不起眼处入手。曾国藩家书里经常提到特别土的八字真经：“考、宝、早、扫、书、蔬、鱼、猪。”训诫家人要从早起、洒扫、种菜、养鱼、喂猪这些最切实的小事做起，达到修身齐家的目的。他念叨得如此频繁，甚至到了令人生厌的地步。他把一个人能否成器、一个家族是否兴旺的可能落实在这些再寻常不过的生活细节和行为习惯之上。曾国藩本人也是严格践行“从我做起、从小事做起”这样的理念的，他每天黎明即起，醒后不沾恋；每天读书，一书未完，不看他书；即使在凶险的战场上，他也坚持写字不辍……他终身信奉这样的道理：“天下古今之庸人，皆以一惰字致败；天下古今之才人，皆以一傲字致败。”他对一个“勤”字总念念不忘，认为“每日做事愈多，则夜间临睡愈快活”，并且把“勤劳而后憩息”视为人生至乐之一。曾国藩从小处着眼、一丝不苟的身教，不但养成了他至诚、勇毅的气象，也使他的言说在族中子弟中间有了深远的影响。

如果家长希望孩子能够学会管理时间、管理情绪，那么自己最好首先做到；如果家长希望孩子爱学习，那么最好自己也能手不释卷……对孩子来说，父母是第一任也是最重要的老师，他们不经意间的所见所闻都是学习内容，而且比父母有意施加的教育更有效。所以身为家长当明白，要让孩子有良好教养，修身功夫要从自己身上做起。

对于曾国藩家书里喋喋不休的“勤俭”说教，其子弟也颇多怨声。作为权倾朝野的总督之家，生活过得绝非“丰衣美食”：夫人率族人亲自纺纱，自己买黄酒还要零沽，弟弟要买田造屋也被他反对……他明确地说对于孩子要“爱之以德，不欲爱之以姑息”。何谓姑息？溺爱、迁就、纵容是也。他认为，孩子若识大体明事理，则不靠宦囊，也能自食其力；孩子若是个糊涂虫败家子，那么多给他留一分钱，就将多造一分孽。他说过这么一句话：“吾观乡里贫家儿女，愈看得贱愈易长大，富户儿女，愈看得娇愈难成器。”所谓“姑息之爱”，其实纯是“姑息之害”。俗话说“过犹不及”，其实，在教育孩子的问题上，“过度”的害处恐怕是要远远超过“不足”的。

曾国藩数次在家书中引用柳宗元《种树郭橐驼传》一文：郭橐驼种的树甚好，枝繁叶茂，硕果累累，何以如此？郭橐驼自认为是“全其天性而已”。“吾不害其长而已，非有能硕茂之也；不抑耗其实而已，非有能早而蕃之也。”哪些人种不好树呢？“爱之太恩，忧之太勤，旦视而暮抚，已去而复顾……”他还写信批评长子曾纪泽，认为他虽然天分高胸襟广，但“于儿女一事不免沾滞之象”，姑息、娇宠孩子的养育方法是“爱之而反以害之”！

今天我们很多为人父母为人师长者，表面上好像都懂得宠溺之害，其实不然，平常养育时总是不患多，唯患不够。养的方面：再穷不能穷孩子，哪怕节衣缩食也要满足孩子的种种需求，从一日三餐到零花钱到笔记本电脑之类，别人有的咱也得有，孩子甚至都还没伸手，父母的手就已经伸了过去；教的方面：只要是与学习相关的消费毫不吝啬，只要是能提高一点成绩的兴趣班、补习班都尽量报上，哪怕辞职陪读也在所不惜……“爱之太恩、忧之太勤”的结果是什么？是过度餍足的孩子似乎已经失去了饥饿感——无论对于食物，对于玩具，还是对于学习，皆不复有强烈的渴欲之心。只有保存着对未得、未知的东西的渴望，孩子才有可能激发自身的潜能去追求，去实现。

没有饥渴感的孩子，仿佛什么都会“自动”被给予、被提供甚至被强加的孩子，对于将要去追求和获得的东西就失去了兴趣，好像一切都没什么意思。一个人倘若没有了行进的动力，没有了上进的渴望，没有了对于美好的意欲、想象和向往，其实也就失去了未来！

必有一番回甘滋味

曾国藩生于清末动荡岁月，除了早年当翰林时还算清闲外，大半生都处于时代的惊涛骇浪之中，其心境也多焦虑烦忧，甚少悠闲散淡时刻。难能可贵的是，就是在这种“生事如转蓬”的艰难境遇里，曾国藩一直以儒家勇猛精进、持盈保泰的精神自我砥砺，始终能于风云激荡之中守住一片虚心涵泳、切己体察的方寸之地，困知勉行，并且把这种精神传递给家中子弟，从而形成可以惠泽数代的优良家风。

他很看重困境的教育价值。他知道人是喜欢给自己的怠惰寻找借口的，会因为一点外在的干扰就中辍日常功课，故屡屡强调做事情要“有恒”“有常”，认为“人生唯有常是第一美德”。在给儿子曾纪泽的两封不同的信中明明白白写道，古今之人“莫不有家常琐事之劳其身，莫不有世态冷暖之撄其心”，故希望纪泽能在种种应酬之外“犹能不失常课”，“日进无已”。他说，“年无分老少，事无分难易，但行之有恒，自如种树畜养，日见其大而不觉耳。”王阳明当年曾向以家事烦劳作借口不用功的弟子斥责道：“此正是用功时！”曾氏也一点不含糊，一遍遍要求子弟们痛戒无恒之弊，克服柔靡之念，拿出一股子倔强的精气神，去努力闯关。困境中形成的自我修养才是真修养。曾国藩经常身犯险境，有些年间“无日不在危机骇浪之中”，更兼其体弱多病，终生被癣疾折磨，有时又牙痛发作，痛苦不堪，但彼时彼地他仍讲“静”，仍然坚持记日记、写家书、临摹字帖、句读古籍。他勉励次子曾纪鸿，“困时切莫间断，熬过此关，便可少进。再进再困，再熬再奋，自有亨通精进之日”，“凡事皆有极困极难之时，打得通的，便是好汉”。

没有一点进步不是点点滴滴地获得的，没有一项成就不是零零碎碎地攒下的，无论内在的修为还是外在的事功，都是在“日拱一卒”式的努力中，“日见其大而不觉”！

曾氏家书的确是非常励志的，其文字其行为都勃发出一股奋发之气、朴拙之力。他强调人要“立坚卓之志”，说话要“担斤两”，做事要“规模远大”“器局宏大”，当心生抱怨牢骚之时需“猛然内省，决然去之”，而且在对待物质财富和成就事业方面也大有智慧（如不忧贫贱而唯求自强、不贪圆满而更欣赏“花未全开月未圆”的境界等）……这些对于我们反思当今教育尤其是家教之弊颇有意义，曾氏的家教其实在“习惯、态度、价值观”上都有可取之处。

但曾国藩是否就认定学习就是苦兮兮的，非得咬牙切齿愁眉苦脸不可呢？不是的。他推重“有常”，力劝子弟们能耐勤苦，能持之以恒，“存倔强以励志”，但值得注意的是，他同时还三番五次写信劝次子纪鸿：“用工不可拘苦，须探讨些趣味出来。”“趣味”二字一出，则苦意全消，反而更足成全自我的努力。他认为“有恒”不是靠硬撑就能做到的，做任何事，“然须有情韵趣味，养得生机盎然，乃可历久不衰。若拘苦疲困，则不能真有恒也”。此语可谓切中教育之真谛。有趣才能有恒，而唯有坚持过后才能咂摸出趣味来。但凡兴趣已被激发，则学习非但不会成为一种负担，反而会成为一种想戒也戒不掉的瘾，恰如“解缆放船，顺风张棹”，绝无勉强，苦境顿成自由之乐境。

无论哪一种学习，都可能经历一个从他律到自律、从勉强到不勉强、从不自觉到自觉以至浑然不觉的过程。比如练琴学画，对大多数孩子来说，最初总得经历一番内心的抗拒和挣扎，因为在逆惰性而上时不得不克己发奋，此时不可轻易放弃半途而废，身为师长需要勤加督促，令孩子打起精神，学会自我约束，而在坚持一段时间后，“必有一番回甘滋味出来”。

好一个“必有一番回甘滋味”！从盈科后进中发现习得的乐趣，从勤勉奋发中找到甘甜的回味，苦旅乐游，欲罢不能，这不但是狭义的课业学习所追求的情感体验，也是习惯养成、人格培育的可靠路径，更是夯筑幸福人生所必不可少的一种境界。

做个有点钝感的家长

知道孩子是怎么被宠坏的吗?

那些被宠坏的孩子的父母或祖辈，他们中的大多数何尝不知道对孩子不能太溺爱，不能太迁就，可是却仿佛身不由己地推着孩子往那边走。当一个孩子变得好赖不分、软硬不吃、笑骂不顾、油盐不进的时候，家长们也就只能欲哭无泪，悔之晚矣。

我愿意相信洛克的观点，孩子原本是一张白纸，是好的或坏的经验把他涂抹成后来的样子。被宠坏的孩子，多是家长不恰当关注的结果。因为不恰当的关注，他们事实上是被孩子控制了。孩子的坏毛病一旦被惯出来以后，想要管束就变得很艰难。他的每一次肆意耍赖、每一次不依不饶、每一次无理取闹，都在验证自己控制大人的能力。大人要么妥协再妥协，眼睁睁看着孩子演变成一个混世小魔王；要么试图校正其行为方式，用粗暴强硬的方式(包括送到“行走学校”之类)，结果往往也是悲催的。

有时候我们会小看孩子，而自己却没有察觉。不是说孩子有多狡猾，或者怎样有心计，而纯然是我们自己在面对孩子各种表现时的反应方式，太没有智慧。孩子几乎是本能地从我们的反应中寻求他的行为的合理性和正当性，来确定他在特定的情境里该如何表现的尺度。

比如，如果孩子咳嗽一声，妈妈就显得很焦虑，那么随后当孩子想要得到特别关注的时候，就可能会装出咳嗽的样子。而一旦孩子发现哪怕是装出来的咳嗽也照样能让妈妈放下手头的事情过去照应他，他就知道怎样控制妈妈了。

有一天我陪伴当时 3 岁多的孩子，只管自己在电脑前忙乎，有一瞬忽然发现刚才吵吵闹闹的小家伙变得特别安静，回头一看，他正脱掉了鞋子，坐在冰凉的地板上，而一双眼睛却直勾勾地看着我。他在等着我注意到他，并且观察我的反应。如果我也像他外婆一样紧张兮兮手忙脚乱，一迭声地嚷着“起来起来”，那么他以后就会一次次如是尝试。我只是起身走开，经过他身边时用极寻常的语气叫他把鞋子穿好起身。还没等我回来，他就照做了。

孩子的敏感点是家长造就的。有的家长把握不准孩子的真实需求，反倒被他的“表演”牵着鼻子走，其实也加剧了他对某些事情的敏感程度。以我的孩子为例，他特别不喜欢装修时电钻的声音，每次听到都要哭闹一番。对此，他的外婆先是痛责一番装修噪声，再是关紧窗户还拉上窗帘，甚至还打开音响企图用室内的高分贝来盖住那声响……结果是孩子越来越害怕听到电钻声，每次听到就惊叫一声往大人怀里扑。躲避的方式只会强化孩子“电钻声可怖”的感觉。与其躲避，不如直面，唯后者才有助于孩子“脱敏”。

我深切地体会过家长被孩子控制的情状，所以当读到心理学者李子勋在《陪孩子长大》结语中的这番话时，产生了强烈共鸣。他写道：“妈妈看到孩子有很多问题，会加重对孩子的关心，于是孩子对妈妈就有了控制的力量。愿意对妈妈呈现问题的孩子，并不是妈妈有多么尽职，而是孩子要控制母亲。”

我们知道，一些孩子有考前综合征，有的甚至每临考试就生病，是真的生病。也许我说得有点武断，但我真的认为，家长对孩子考试的高敏感度（无论是考试本身还是考试结果）直接影响到孩子这种病态的身心反应。孩子对考试的逃避姿态，至少有部分是家长太过关注考试（虽然嘴上说成绩不重要，但孩子轻易就能分辨这是言不由衷的假话）也特别在意孩子身体这一因素造成的。这种长期积累而成的高敏感性不仅伤害心理也损害身体，身心本就是一体。关心本身就是一种压力，过度关心更是会成为一种不可承受之重。孩子通过自己身体的失败掩饰了考试的失败，前者成为自我开脱以及向家长交代的最佳理由，而这样的“交代”同样也是一种控制。

控制家长的孩子并不快乐，恰恰相反，其身心体验是极度糟糕的。因为家长的控制完全无助于他在现实的境遇里提升自我的价值感，而被失败感笼罩的孩子容易把更多的怨气撒到父母头上，甚至会有自我伤害的倾向。

有一个10来岁的小男孩，妈妈每天给他洗脚。某一天，男孩忽然表现得极不领情，他把脚盆踢翻了。慈母丝毫不理会男孩何以如此蛮横，喋喋不休诉说自己一片苦心被狗吃，继而大发雷霆。但是孩子却并没有幡然悔悟的意思，反倒兀自恨恨不休。这的确是个被“宠坏”的孩子。人们多为宠坏孩子的父母悲哀，却少为那个被宠坏的孩子叫屈。要知道，对那孩子来说，被宠“坏”掉的可是自己的整个人生啊！

自以为是的爱，不但是活该，而且还是祸害。

这孩子完全可以而且应该自己洗脚。但是母爱泛滥的妈妈在满足自己施爱的同时却剥夺了孩子自己动手的权利。他感受不到自己真正的需求被重视和尊重（没有理解和尊重的所谓“爱”约等于罪孽）。他体会不到自己能力成长带来的成功感和喜悦感（平日里他连尝试的机会都没有，偶尔自己动一次手却把水洒出来了，然后得到“不对”“不行”“怎么回事”等诸多埋怨）。他感觉自己是一个无能而失败的孩子，一个笨手笨脚的废物。他也许还会在同龄人中成为笑话——而对别人的嘲笑他甚至没有反击的理由：有这么一个关爱着呵护着他的妈妈，他不是应该感到幸运吗？他怎么可以心怀憎恨？

可怜的母亲。可怜的，被宠坏的孩子。

小小的孩子，他远远无法做到像我们这样来分析问题。他只是被不恰当的爱、被过度的关注捆缚着，几欲窒息。他感到烦躁，他被低价值感所折磨，他放纵自己对于父母的控制能力，他成了一个骄纵的放肆的孩子，他的心里充满了对父母的怨怼和自我厌恶。他一脚踢翻了妈妈的脚盆。

不想被孩子控制，不想让孩子被宠坏，请少一些自以为是的付出，少一些密不透风的呵护，做个有一点钝感、多几分淡定的家长。

教育的优美曲线

有人很骄傲于自己的爽直脾气："我就是个直肠子，有啥说啥！"但这样的脾性在教育中未必合适。好的教育，无论是发生在师生之间还是亲子之间，可能都会有所保留，要给孩子一定的容错空间。"错！错！错！""怎么这么笨！"这一类妄断的话还是轻易别出口，一旦出口，真正蠢笨的可就是自己了。大体上，教育是属于"婉约派"而非"豪放派"的。

有人颇自豪于自己的刚正严明："我眼睛里揉不得半粒沙子！"这样的"美德"对教育来说却可能是灾难性的，教育者面对孩子，眼里必须揉得进沙子，胸中必须装得下几番错误，心里必须容得下诸多瑕疵和缺陷。很多时候，教育是一门妥协的艺术，我们不但要跟孩子妥协，还要跟也会对孩子施加影响的他人妥协，更要在自己望子成龙的期望与现实可能性之间找到妥协点。揉不得沙子？就是一根刺也要忍得呀。

有人为自己某一回教子时情绪上的发作辩解："我是刀子嘴豆腐心！"可是在我看来，这样的"豆腐心"不要也罢。我觉得"嘴"跟"心"是连在一起的，言辞尖刻似刀，咬牙切齿句句伤人，你怎么让人相信其心柔软良善？所谓"刀子嘴"其实就是在逞语言的暴力，其对孩子身心的伤害不容低估。刀子嘴豆腐心当然比口蜜腹剑好，只不过后者属大奸大恶，基本与我们的日常无涉。教育孩子时，无论身段还是语言，都不妨柔软一点，有话好好说。

梁漱溟先生回忆小时候，他的父亲对子女绝少疾言厉色，而是循循善诱的。有一次，他因为找不到积蓄的一小串铜钱，发急吵闹。其父在庭前树枝上发现，让他去看。梁漱溟见树上有父亲写的一张小纸条：一小儿在桃树下玩耍，偶将一小串钱挂于树枝而忘之，到处向人寻问，吵闹不休。次日，其父亲打扫庭院，见钱悬于树上，乃指示之。小儿始自知其糊涂。

既无训斥，又无说教，只是诱导孩子通过看纸条上的内容而自悔，这种教育方法不着痕迹，却有四两拨千斤之效，以至于梁漱溟先生到了耄耋之年仍对此事念念不忘。

还有比梁漱溟父亲借纸条育儿更为“婉转”的例子。杨绛在《走到人生边上》一书中写过这么一则故事：有位她从小很喜爱的劳神父，一次当她回家过暑假前送她一个礼物。礼物用白纸仔细包着，杨绛不知里面是啥。劳神父先是给9岁的杨绛讲了两个偷吃禁果受惩罚的故事，然后把纸包交给她，说：“你得上了火车，才可以打开。”杨绛一路上忍住诱惑，真的到上了火车才打开纸包。令人称奇的是，她撕开一层纸，里面又裹着一层纸，一层一层又一层，纸有厚薄软硬，而每一层都用糨糊粘得非常牢固。直到撕开十七八层纸以后，礼物才算真正现身——是一盒巧克力糖。这盒巧克力，她与一道坐火车的姐妹分吃了几颗，其余的带回家与父母共享。她觉得与家人一道吃糖，味道更好，也非常开心。

一盒巧克力糖，劳神父为何要让小杨绛上火车才打开？为什么要用多达十七八层的废纸把它结结实实地包裹起来？杨绛90岁那年还在琢磨。她当初以为是劳神父勉励她做人要坚定，勿受诱惑，为了防她受诱惑，贴上十七八层废纸，哪怕她受诱惑拆了三层四层后还有反悔的机会……90岁时明白，劳神父一心要她把那盒糖带回家，和爸爸妈妈等一起分享。“9岁听到的话，直到90岁才恍然大悟，我真够笨的！够笨的。”聪慧的杨绛这样感慨。

好的教育是能让人一辈子回味的。

当面对表现顽劣的“熊孩子”时，当面对屡教不改的“问题学生”时，身为父母师长，勃然大怒是容易的，说一些狠话、希望能通过最直截了当的方式奏效也差不多是一种本能，只是其教育效果恐怕要存疑。近年来我的确怀疑过，国人多推崇的傅雷式家教究竟能否算真正成功？傅雷以严苛著称的家教当然有可取之处，也确实培养出了一位钢琴名家，但他的带点病态和偏执的、常常呈雷霆万钧之势的教育方式事实上深深伤害过傅聪兄弟，同时也更深地伤害到自己，而这样的伤害是无论什么“成就”都无法补偿的。当然这是我的一家之言，其中亦有偏颇之处，何况教育手段也因人而异，赏罚并举、刚柔相济当然是更理想的方式。

能“直捣黄龙”当然是教育者的一种本事，但我认为包容、婉转、妥协、柔软等更应成为父母师长的教育禀性，太多的教育效果都是曲折（间接、延宕、反复）实现的。我欣赏那一条教育的优美曲线，那曲线里凝聚着教育的智慧。

童稚化思维

我小时候曾经有过一个傻念头，那就是，只有亲戚之间才能结婚。因为我发现我家跟外婆家是亲戚，所以外婆把她女儿即我妈妈嫁给了我爸爸……这种童稚的想法令人捧腹。童年的我显然犯了一个因果倒置的错误，在面对一个事实时，我还不懂得分析其中的关系。这样的思维对一个孩子来说是无伤大雅的，甚至就因为有这样的错误，才会演化出许多美丽的童话。比如，太阳是公鸡叫出来的，公鸡一叫，天就亮了。

哲学家康德有一个非常重要的观点，用通俗点的话说大体上就是：经验事实是观念建构起来的。也就是说，我们所认识到的“客观”，其实是已经符合我们主观的“客观”（对象、事实）。所以，从一定意义上说，我们有什么样的观念，有什么样的眼光，就会有什么样的“事实”，就意味着我们会用何种逻辑来看待问题。

在谈到孩子的教育问题时，我常说的一句话是：所谓的“事实”和逻辑都没有我们想象中那么重要，唯一靠得住的是教育理念。不明白这一点，我们就很容易堕入童稚化思维之中。比如，有个孩子每天只上半天幼儿园（不在幼儿园吃中饭，不在幼儿园午睡），但他经常生病。对此，秉持“适度放养”理念的人认为，既然只上半天也会生病，不如让他全天在幼儿园里体验完整的群体生活，也许正是家长的过度保护才使得孩子越来越娇气的；而信奉“精心圈养”观念的人则认为，如今只离家半天还老生病，上全天那还了得？瞧，这两种看法在逻辑上都是成立的，是自我支撑自我圆满的。但是明眼人都懂得，孩子终究是要去适应环境的，把孩子养在温室里万般呵护，除了让自己更“放心”以外，其实不但会让他失去现在的健康和快乐，更会让他失去未来的一片开阔天空。有的家长总以“体质弱”为借口不让孩子多参加户外活动，多体验群体生活，其实呢，体质弱恰恰有可能是缺少户外体验和身体锻炼的结果，而不是原因！这样的例子不胜枚举。

孩子的娇气大多是父母“养”出来的，同理，一些所谓的“差生”“问题学生”也有可能是师长们造就的。也许我的观点有些偏颇，但师长们在面对“不可教”的孩子摇头叹息或怒不可遏时，的确有必要自我审视一番：我对于孩子的现状是不是也应该担一份责任？我在教育孩子时情绪失控是不是“理不直而气太壮”？是不是在发泄“对自己无能的愤怒”？

单一的、线性的、决定论的思维方式就是童稚化的一种表现，它特别执着于因果，其实是牵强于因果，很可能是头脚倒置的因果。比如，许多家长们眼里只有分数，考分上去就是好，考分下来就是糟，这样的思维就显得笨拙、狭隘而独断。我们不妨看一下这段话：

> 我最感谢父母的是，他们与我谈论篮球时谈的不是输赢，不是我得了多少分，而是讨论我的打球习惯、态度、举止礼仪等，他们教得非常好。我记得有很多次，我在赛场上得了很高分，但是情绪却控制得不好，有时脾气很差，那么赛后他们就会与我谈谈情绪的问题，而不是恭喜我得了多少分。我很佩服他们的教育视角，我现在还在向他们学习，他们看比赛的角度，判断我成功与否的标准，对我来说比任何人的评价都有价值。

你可能已经猜出来了，这番话出自林书豪之口。我第一次看到这段采访就深有感触。是的，我们也许学不来“林疯狂”，他的成功基本上不可复制，但我们应该学学他的父母，学习他们那种不被分数牵着鼻子走的开阔的“教育视角”。

孩子思维的出发点大多是“我”，我们身为成年人的教育者则恰恰需要从对方的需求出发看待问题。全然从自我出发的爱是幼稚的，是自以为是的。怎样才称得上成熟的爱？电影《一代宗师》里宫若梅的一句话令我深思，她在面对自己心爱的人时说：“我在最好的时候碰到你，是我的运气。”她说是“我的运气”而不是“你的幸运”。嘴上说“我”，心里却全是“你”。自我谦抑中满满都是对对方心理感受和需求的照拂。家长和教师的心态当如是，在孩子面前，尽量别把自己当成一厢情愿的施予者，别被自己的“付出”感动得稀里哗啦却压根儿不明白他需要的是什么。

记得那个冷笑话吗？小兔子去钓鱼，第一天，一无所获；第二天，还是一无所获；第三天，只见鱼儿跳出水面大骂：你再敢用胡萝卜做鱼饵，我扁死你！

那些鱼儿，那些花儿

带着孩子出去游玩时，在小溪里捞到了一条小鱼儿。眼见孩子那副喜欢的样子，妻子就说：“找个小瓶子，把小鱼儿装着带回家去吧。”我却不识趣，硬是阻止了这个行动，说服他们放小鱼回到溪流里。

我给的理由很简单：以他们对待养鱼的漫不经心的态度，这条小鱼儿被带回家，不过三五日恐怕就会死去。这会儿觉得鱼儿新鲜有趣，过不了多久就会完全无视。鱼儿虽小却也是一条生命，我们在明知道无法很好地保全它时，仅仅出于好玩的目的就剥夺其自由和生命，未免有些残忍。我不是不知道这条小鱼的可爱，而是深深地预感到养育它就意味着要负起沉甸甸的责任。把它捞起来是一瞬间的事，是一个简单的动作，但随之而来的却是漫长的守护——对一个纯粹出于好玩而要带走一条小鱼的孩子来说，这样的守护显然是不可承受的。

家里一直养着几条前任房主人留下的金鱼，换水、喂鱼食、给生水加点大苏打……事儿虽不多，分寸却要把握好。但是，因为经验不足，而且初期我们并未入住，只能隔三岔五去伺候那缸鱼，加上正值炎热的夏天，我只能眼睁睁看着那缸里的鱼一条接着一条地死去。每次拿小网把它们小小的尸体捞上来时，我心里就晃动着一种淡淡的歉疚和悲哀。你也许会嗤笑我的“伪善”：吃起鱼来劲头十足，怎么这会儿如此假慈悲？记得周作人曾谓，赏玩笼中之鸟比吃鸟肉还要可恶……但其实我并不想在此问题上展开辩诘，我只想说，那一刻心中晃动着的歉疚和悲哀万般真切。

前任房主人也留给我们不少花儿，他们临搬走前殷殷嘱咐，望我能用心照顾好它们。我也慨然允诺，决定不辜负他们的信任和那一片苍翠的风景。但是很遗憾，我对于养花种草实在太外行，除了认识兰花外，别的盆中植物我一样不识！我也查百度，了解有关浇水、光照等方面的知识，但是太笨拙，太隔膜！一段时间以后，好几盆盛放了若干年的“不知名”的植物叶子慢慢地卷了起来，渐渐地黄了，最终枯了，无可奈何花落去！我觉得，那些枯萎的枝叶都流露出对我深深的失望。

好像有人说过，教育是农业而不是工业。不论出处如何，其意旨还是显豁明白的，而且可阐发的维度很多，空间很大。比如，教育是农业，意味着教育者必须因地制宜、因材施教；意味着教育者要学会等待、懂得守候；意味着教育要“慢”，要个性化；意味着教育者既要有“一分耕耘，一分收获”的执着和“种豆得豆、种瓜得瓜”的自信，却又不能陷入因果丝毫不爽的线性思维之中，而须保持对于生命有机性、复杂性的充分尊重……事实上，教育同样可以是苗圃业、林业、养殖业，但独独不能是制造工业。教育的对象不是机械的、无灵性的非生物，而是一个个鲜活的生命。

教育最基础的使命，跟养鱼的道理一样：要养活养好，不能养死养坏。包括家长和老师在内的教育者就是“麦田守望者”，是“心灵捕手”，这一点毫无疑义。教育并非由一道道刻板的模式化的工序构成，教育是没法“回炉”的，也是不能“返工”的！教育失败的成本就是一个人的不可挽回的一生。人是多么精美多么有灵性的生命，人最高级也最复杂，不只是在生物学意义上如此：人的精神是否康乐？情感是否愉悦？人格是否健全？能否给他人和社会贡献美好？能否拥有华美绽放的出彩时刻？能否享受这一趟人生的单程旅行？……太多的东西，关乎我们的教育。教育者，能不惕然自警？能不似孔子那般“临事而惧，好谋而成”？能不似曾子那般“如履薄冰，如临深渊”？能不对教育的理想境界始终保持一种态度：“虽不能至，心向往之？”

从更深刻的意义上说，我们养鱼种花，其实鱼儿花儿何尝不在“养”着我们？归根到底，一切的教育都是自我教育！海德格尔有句名言：“不是我们在说语言，而是语言在说我们。”通俗一点说，我们未必能赋予语言独特的东西，但是语言却会赋予言说者以个性，亦即语言在塑造人、刻画人。借由善待生命的养鱼种花，人们修养自身；经由曲曲长长的教育之路，人们自我发现。当你有一天冲孩子发泄怒火后，你会后悔，暗想下次绝对不能再这样！可是你能断然地做到吗？几乎很难。虽然我们也懂得“喜欢就会放肆，而爱就是克制”的道理，但我们就是在一路“放肆”的过程中不断犯错、慢慢修炼后才能领会“爱”之秘辛的。我们几乎是与孩子一同在成长的，两种成长互相砥砺、厮磨，彼此成就、成全。等到孩子长大了、长成了，你发现自己终于也成熟了。与其说我们在教养孩子，不如说孩子在“教养”我们；正如那些鱼儿，那些花儿，让我领悟很多。

摆脱偏执的心魔

——谈谈傅雷先生的家教

我曾经说过，对著名翻译家傅雷先生的家教风格颇不以为然，他对傅聪傅敏实行的呈雷霆万钧之势的教育强腕政策，充满了毫无节制的暴怒、责骂、体罚等；而这样的面目，我们从《傅雷家书》里是不太感受得到的，毕竟傅先生写家书时傅聪兄弟已长大成人，而且借助于文字符号的书写本身乃是一个理性化的过程，再激越浓烈的态度也得到了中和，再狂野混浊的情绪也得到了沉淀。可是从杨绛先生的回忆中，我们知道在现实生活里，在傅聪兄弟还小的时候，仅仅因为喜欢“偷听”大人在客厅里的闲谈，傅雷就会盛怒难当，厉声呵斥，自己还气得脸色发青——而且这一切都发生在钱锺书夫妇等一干客人的眼皮底下，令他们唏嘘不已。

近来偶读《傅雷传》，对于傅雷本人的成长背景略有了解，发现他的母亲也是位刚强的女性，并在其童年、少年时代扮演了一个无比重要的角色。这位母亲在傅雷 4 岁时丧夫，那段时间还因忙于营救丈夫和给丈夫治病，致使二子一女相继夭折，小傅雷遂成为她此生唯一的寄托。傅雷母亲连遭很难承受的重大打击却仍能坚强面对，且保持着清醒的头脑，有主见和眼光，带着傅雷从闭塞的农村迁到较为开阔的小镇，进而送傅雷到上海读教会学校，从而开启了傅雷作为翻译家的人生。

可是，傅雷母亲虽然堪称伟大，但她在教育傅雷过程中采取的严苛态度和极端手段，却令我震惊。比如，有一回因为傅雷贪玩，母亲竟把他兜在包袱里冲到河边试图溺毙他，幸被及时赶到的邻居劝止。这样的举动当然有作势吓唬的成分，但即便是“演”，也已足够骇人了！还有一回，冬夜温课时，小傅雷不够专心，其母竟然在铜板的方孔中塞上蜡烛头，点燃后将其贴到傅雷的肚脐眼上……流动的滚烫的烛油，烫得傅雷哭喊“救命”！这简直是“点天灯”的节奏啊，不知傅雷母亲何以会产生这样的凌虐“灵感”，想来令人悚然。此外，为了表达对不懂事的儿子的失望透顶，像拿出绳子要上吊这样亦真亦假的戏码也有上演。

猝然遭逢人生重大变故，陷落到生活最粗糙最残酷底部的母亲，承受着艰难时世和丧夫之痛，坚忍地负担起抚育稚子的职分，不但要令其长大成人，更欲养育他成为一位实现个人事业、改变家庭命运、拯救家族荣耀的“英雄”（状元）——这一中国历史上相当经典的“剧情”屡见于戏曲，可谓是中国文化中积淀着某种集体无意识的一大“母题”。坚强的母亲对儿子有所期待，望子成龙，实属天经地义，但是像傅雷母亲这样几乎不惜用一切手段来吓阻、震慑、鞭策孩子发奋用功的范例，似亦并不多见。傅雷母亲那股子要把儿子培养“出息”的念头是如此执着而顽强，与之相匹配的行动也是那么执拗且疯狂，这其实已经是一种病态。

作为对母亲严厉管束的回应，傅雷表现得毫不含糊。傅雷小学时因为“顽劣”被南洋中学附小开除，初中未毕业时又被一所教会学校徐汇公学开除……从他自己在 19 岁那年写给母亲的一段文字中可知，母亲管得越紧，他挣扎反抗得越强烈！“常常为了一些小事和您争闹，有时竟闹得天翻地覆，不可开交。我只管使性地为了您束缚我而反抗，而怒号，而咆哮。”傅雷的这番话不免令我想起蒙田爱引用的那句话：“正如狂风没有森林的阻挡，必定在空中消失它的威力。”这母子俩的较劲真像一场搏斗厮杀，他们互相把对方“训练”成了更迷信强力、更火爆也更具有“威力”的人。傅雷的人格发展是有一定问题的。

傅雷母亲教育傅雷，与傅雷教育傅聪兄弟，在方式上存在同样的缺陷。一张一弛，文武之道——傅家的教育却只有紧张而没有轻松；刚柔相济，乃得其和——傅氏的教育却刚直有余而柔韧不足。

暴力化的家教结下的必定是苦果，哪怕那果实表面上看起来光鲜，内里却可能已经腐烂。

我想，哪怕傅雷屡次被开除，恐怕也还是会有人赞美傅雷的个性或真性情，赞扬他反抗体制化学校教育的勇气，诸如此类。但这种“以事后观事中”“以成败论英雄”“以特例代全体”的思路在评价教育得失时是不足取的。如果置身教育现场，我们不会也不该去美化某个孩子一言不合就与同学吵架甚至打架、考试进行到一半就把笔往课桌上奋力一戳扬长而去的行为。教育的合理性是建立在普遍有效、面向全体这个基础上的，总体意义上的教育必定信奉中庸之道。韩寒退学后成就了一点事业，并不意味着中学生在校时多门功课挂红灯是件光彩的事。我们也不能因为比尔·盖茨退学建立了微软帝国，就否定一般大学教育的价值。扯远了，我的意思是，无论傅雷在翻译上取得了多大的成功，他长年来养成的古怪易怒、孤傲自重、偏执狂暴的性格未必能给自己和他人带来幸福，而这种幸福能力的缺乏与过于严苛的、暴力化、惩戒式的成长环境、教养方式不无关系。《傅雷传》的作者金梅也认为，傅雷为了一点小事动辄暴跳如雷、突然发作，大概就是其母教育方式造成的“负效应”。我们不但要看到傅雷的翻译成就和个性力量，也要看到他个性中存在缺乏包容性、缺乏同理心、缺乏自制力等诸多问题。而且我们也别用“他就像个孩子”这样貌似很怜爱的评价去美化这些弱点——成年人表现得像被骄纵宠坏的孩子更招人厌，更有破坏性！骄纵的生命其实隐藏着一种脆弱性。傅雷先生留法时就动过念头要自杀，后来受迫害后决绝自杀，这里面当然有风骨，有骄傲，但我却不免联想到“弦紧易断”“至刚易折”这样的话，生命固然向往力度和纯度，但更要有百折不挠的韧性！

与其母亲相仿，傅雷也总是要把自己的意志施加到孩子身上，倘不成功或打了折扣，给孩子的就是一通怒骂、一顿殴打之类。20 岁左右的傅聪曾经在傅雷的强力打击之下离家出走。

偏执是一种心魔，教育中的偏执往往表现为控制欲的泛滥，表现为以“结果导向”“目标导向”为唯一价值。傅聪练琴时，在楼上工作的傅雷如听到琴声中断，就会拿出事先准备好的木棍之类戳地板示警，或下楼督促甚至动手殴打。傅聪弹琴的兴趣没有被毁掉实属万幸。偏执者为了达成一个很小的教育目标，往往不惜动用威逼利诱等手段，目标也许达成了（如背下了一篇课文，弹下了一支曲子），但在过程中孩子得到的全是负面情绪的体验，付出了极大的情感损耗，完全是得不偿失的。结果是显性的，但过程中的伤害却往往是隐性的，我们还是少干些“牛不喝水强摁头”这样的蠢事为好。偏执的教育者也往往会祭出“我是为你好”这样的法宝，但事实上呢？这么做只是为了满足自己那一会儿也无法抑制的偏执之念，为了发泄那一瞬间呼呼往上蹿的满腔怒火罢了。说白了，其心理机制与施虐是一样的：轻一点的是唠叨，重一点的是暴力。

傅雷以其天赋才华、强力意志和独立不羁的思想，在著译事业上取得了斐然的成果，这并不让人意外。富有个性的艺术家、思想者本来都不那么中庸，我曾在一篇名为《别受困于高海拔的理想》的文章中充分阐述过这层意思，我认为：“怀抱理想的人有一颗超越平庸的心，可持有的理想越是超拔孤绝，越是惊世骇俗，就越有可能成为心理学意义上的病人。”“他们好像一直在跟这个充斥着污浊的世俗世界较劲，较劲的结果，是他们的思想、艺术乃至生命过程本身都成为一个凸起于地表的强大的存在物，为整个人类提供着类似路标的意义。”意外的是傅雷这么一位“病人”居然还培养出了一位驰名世界的大音乐家傅聪。他这种暴君式的家教为什么最终没有毁掉傅聪？说来有些复杂，但我深信不疑的一点是，如果傅雷身边没有那位充满柔性智慧、既有新时代知识女性见识又有传统女性温婉性情的夫人朱梅馥，如果傅聪家里没有那位能在暴风骤雨中营建情绪避震带和心灵庇护所、能在专制的偏执者频频发作的歇斯底里中为孩子寻求容错空间和喘息余地的母亲朱梅馥，傅聪的灵性和才情恐怕早就被傅氏教育碾碎了（杨绛女士也曾说，傅雷身边倘无朱梅馥，他的工作“至少也得打三四成折扣”）。正是朱梅馥的“柔”，使得傅雷的“刚”得到了缓冲，是她给这个家庭提供了极其宝贵的紧张后的轻松，冲突后的和谐。

人们从《傅雷家书》里领略到傅雷深沉如山的父爱，我却更愿意从有关傅家日常生活的记叙中，感受隐于傅雷父子身后的朱梅馥女士那静水深流、至善至柔的母爱。我愈加相信，没有伟大的母亲，就没有优秀的男人。

母爱是一种本能，更是一种本领

胡适先生 3 岁丧父，是由 23 岁就守寡的母亲一手带大的。因为生活在大家庭里，寡母的地位低，家中胡适的大嫂二嫂常摆难看脸色，胡适在《四十自述》中写道："我渐渐明白，世间最可厌恶的事莫如一张生气的脸；世间最下流的事莫如把生气的脸摆给旁人看。这比打骂还难受。"他无比怀念父亲健在时"三个人最神圣的团聚时光"，父亲在灯下教他识生字，母亲当助教，同时也借此温习她的熟字……可惜这种温馨美好的时光太短暂了。值得庆幸的是，胡适母亲会自我宽解，调适心情，绝不至于把坏心情传递给稚子。在胡适的记忆里，母亲"格外容忍"，从不吵一句嘴，"如果我学得了一丝一毫的好脾气，如果我学得了一点点待人接物的和气，如果我能宽恕人、体谅人，我都得感谢我的慈母。"

智慧的母亲懂得，也许她不见得能教给孩子多少知识，也未必讲得出什么人生大道理，但至少有一点可以勉力做到，那就是给孩子营造一种宽松、和谐的家庭氛围。哪怕周遭的环境并不令人满意甚至有些恶意，她也不是用喋喋不休的抱怨、恨恨不已的神态去回应，更不是在坏心情的驱使下迁怒于孩子。没有一位怨妇能培养出人格健全的好孩子来。只有智慧和爱引领下的宽容平和才能醇化孩子的心灵。所以我一直说，母爱不仅仅是一种本能，更应该是一种本领。也就是说，母亲对孩子的爱，不应该仅仅是感性的，喜欢起来狂吻不已，生起气来声嘶力竭，而更应该是理性的，懂得给孩子最恰当的爱和管教。为人父母者能否管理好自己的情绪，对孩子健康成长至关重要。

智慧的母亲懂得，如果要让孩子成为你的倾听者，必须要让他（她）首先成为一个表达者。在家庭里，许多妈妈一天到晚总是不停地在说，"不要"这个"不要"那个，"快点"这样"快点"那样，动辄嚷嚷："孩子你怎么这么不听话?”对于孩子所说则一概漫不经心。她不懂得安静下来，蹲到孩子面前，问他（她）“想说什么”“想要什么”。传播学上的一条定律是：只有拥有表达权的人才会更用心地倾听。家庭里面、代际之间的沟通更是如此。台湾有位叫金韵蓉的妈妈，本人是一个心理治疗师、情感专家，很善于调动“理性的左脑”和“感性的右脑”教育孩子，她儿子成人后也的确非常“优秀”，功名一端且不表，人格方面据说也表现得善良、勇敢、独立、担当、诚实。她不是想当然地把本能的母爱一股脑儿施加给孩子，而是会问：“你希望妈妈怎样爱你?”她要弄清楚孩子的真实需求是什么，还要确认自己的爱是否被接纳。孩子年岁稍长以后她还专门开辟了“母子深谈时间”。在孩子面前太聒噪的母亲都是不够聪明的，当嘴巴不停在说的时候，耳朵就听不见了，眼睛的观察功能也减弱了，思维也变成单向、呆板的了。童话故事都讲得很明白，小猫给长颈鹿送去了自认为最珍贵的礼物——鱼，可长颈鹿睬都不睬。

我有位朋友，打算让 4 岁的孩子单独睡一个房间。这个年纪的孩子还很依恋母亲，起初自然不肯。后来她想了个主意，就是带孩子上家具市场，让他自己去挑寝床。结果，4 岁儿子居然就心甘情愿睡到小房间里的小床上去了，因为这小床是他自己亲手挑选的呀！还是那位金韵蓉，孩子 4 岁时带他去旅行，为了让他养成自己整理东西的习惯，专门给他备了一只迷你行李箱。事先约定好，如果在旅途中孩子丢了什么东西，妈妈是不会给他补上的。一开始孩子确实丢了些心爱之物，但慢慢地就都能把物品归置好了。

智慧的母亲懂得，如果要让孩子学会一点点独立，懂得一点点责任，就必须要同时给予他们一点点信任，一点点权利。让孩子自己挑小床，自己打理小行李箱，都是基于人乃权利责任统一体这一事实所做的尝试。《红楼梦》第四十八回，浑小子薛蟠要出远门去做生意，薛姨妈不放心，倒是薛宝钗有见识，极力赞成，觉得也许可以改掉混世的臭脾性。总体上我们可以这么认为：不是因为某小孩比较有担当才让他（她）当班干部的，而是因为他（她）当了班干部才变得比较有担当。后一种做法，才是教育当行之事。

智慧的母亲懂得，面对孩子时，态度比言语本身、怎么说比说什么要重要百倍。态度是最直观的“语言”，在不同态度的主导下，语言背后的意义凹凸不定。如果态度浮躁，无论说什么话，孩子都未必听得进半句。可那点“恨铁不成钢”的恨意，那点“为何不像别人家孩子”的遗憾，他（她）却能极其敏锐地捕捉到。智慧的母亲懂得，心念上的真诚比别的都重要，越着急越不能显示着急，越焦虑越不能暴露焦虑——最好是骨子里就不着急不焦虑。僵硬的体态，严厉的表情，失控的样子，在教育孩子时是最无效的，甚至还是起反作用的。用嫌弃的口气说着爱（“为你好”），用峻急的语气说要淡定，用尖刻的语词说着包容，你以为孩子会信你？我们不但要会控制声音，还要让自己的眼神和表情都往亲切柔和的路子上走，要让孩子真切地感受到你的注意力在这儿，你的赞赏在这儿。你只能用心灵去换取心灵。

我为何不怎么谈父亲的智慧？且不说父亲在教育柔性智慧方面先天不足，更重要的是在今天的家庭里，在孩子尚幼时，母亲角色起着主导作用。母亲是孩子更为依恋的对象，母亲可以在感性的爱之本能基础上发挥理性管教的作用。母亲的智慧可以一以当十、一以当百。对于这一点，智慧的母亲懂得。

最好的教育者是“暖男”

有一天在陪孩子吃饭时，他忽然抬头看了我一眼，问道：“爸爸，我吃饱了没有？”

瞬间的错愕之后是震惊，继而是深深的羞惭。为了让孩子好好吃饭，他的身边总有人在不停地催促，不停要敦促：“快点吃哦！再来一大口！把这碗饭吃完！”而当他屡次申说自己“吃饱了”之时，也没有人把他的话当回事儿，习惯于根据其所吃的量臆断“你还没吃饱”，到后来更是直接夺过他手里的筷子或勺子，连哄带吓把饭菜喂下去。他越是试图反抗，得到的威压就越大，他所能做的，只有屈服。围在他身边的大人，满心觉得自己在做无比正当的事，放任自己心头那股控制欲望肆虐疯长，有时候甚至恨不得撬开孩子的嘴巴把东西硬灌下去，完全不顾及孩子的真实感受，眼神变得犀利凶狠，嘴里还批评他“不乖”。

可恶的大人！

其实我早就已经注意到了，当发现哭闹无效、作势欲呕无效、扔掉筷子勺子无效、尿湿裤子（更小的时候）无效以后，他已经学会用一种更“无害”的方式表达自己的不满：脱掉鞋子。现在却开始用他羔羊般的眼神看着我说：“我吃饱了没有？”属于生命本能的事被机械化了，原本自然简单的事被复杂化了，其实是滋味美美的事被丑陋化了。

可怜的孩子！

我们太习惯于用自己的感受去取代孩子的感受，用自己的意志去覆盖孩子的意志。说起来是最疼爱的宝贝，其实却根本没把他当“人”！仿佛孩子是台机器，一天到晚最好都“不要跑，不要跳，不要叫，不要发呆，不要吃手指……”，开关一开就马上吃饭，开关一关就迅速入睡。对于孩子真正的需求，从来无暇去倾听，从来无心去尊重，想当然地认为自己的“给”就是对方的“要”。“我给你，你竟然还不要？”这种错乱的认知定式只会加剧我们自身的愚蠢。

千万别认为孩子的屈服，是自己的成功。威逼过程中造成的心灵损耗，远远超过实现一个微不足道目标的所得。没错，为了养成孩子的好习惯，需要所谓的“做规矩”，但没有照顾到孩子真实需求的强拧，效果也许是适得其反的。何况，一切建立在畏惧基础上的顺从，都将不利于孩子分辨什么该做什么不该做，将扭曲他们在特定境遇中的认知和判断，而只会把父母或老师的态度看得比天还大。这个问题往大了说，是影响孩子们是否懂得足够珍视自己生命的问题。

张文质先生在一次演讲中提到自己小时候的事情：有一天他割完猪草后，把镰刀掉到水里了，不会游泳的他坐在水边犹豫半天，考虑是否冒着生命危险把镰刀捞上来。他感到恐惧，因为担心回家后会挨打。所幸他最后选择了哭着回家。他说，回头想想，这件事有点可怕，可怕在哪里？“在孩子的眼里，个人生命的安全甚至比不上回家可能挨揍所带来的恐惧感。”

绍兴有位老师也在文章里写过这么一个故事：某校组织学生参加献血活动，别人都积极参与，只有一个学生不肯献。在不断的劝说之下，他终于含着眼泪让医生把针扎进了自己纤细的静脉。后来老师问他为什么一开始不肯献血，获得答案后大吃一惊，原来那孩子以为献完血以后人就要死的！最让人百感交集的并非孩子对献血一事存在这样可笑的错误认知，而是——在他确信献血是需要付出生命代价的时候，居然还会为了满足或迎合他人期望，去做这件事！到底是什么样的力量，让他甘愿付出生命？是怕被孤立的恐惧，还是为了一句称赞的话语？毫无疑问，在习惯于迁就和屈服的教育中长大的孩子，无法学会坚持和守护自己最核心、最该珍视的价值！生命，岂能迁就？

太多的人都表示过这样的不理解：为什么有的孩子，犯了一个其实是很小的错误，从老师那里领受了几句不算太过分的批评，或者被没收了一本书或玩具，或者因为老师说要请家长来学校，就轻易地选择了自杀？过错与后果之间存在着如此严重的不对等，令人触目惊心。说得难听一点，他们连死都不怕，怎么会怕一句批评，怕家长到校？我们当然可以说这些孩子的心理素质太差了，抗挫折能力太低了，可是想一想张文质差一点冒死捞镰刀的事，想一想那个学生“冒死”献血的事，就能大体上明白，那些悲剧的发生是有着内在逻辑的。很多孩子其实就是在对成人世界的畏惧和屈服中长大的，他们一直承受着来自父母和老师的高压，在特定的“心理现场”，他们还来不及掂量自己生命的价值，只想迅速地卸掉那种迫在眉睫的如山压力，于是做出了傻到不能再傻的事情。

我并不是说高压的教育一定会带来可悲的后果，如果教育的因果像连线游戏那般清爽分明，教育也就不值得我们如此用心地去体验和探索了。但教育之事，也许是需要说点“危言”来“耸听”的。我还是坚持认为，教育乃一种柔性的智慧，教育者，无论父母还是老师，不但要有一颗“赤子之心”——懂得体贴孩子的心灵需求，还要有一点“妇人之仁”——尽可能地展现柔软和慈爱：少些霸道，多些体贴；少些压力，多些欣赏；少些愤怒，多些微笑……据我看来，越是伟大的教育家或有教育情怀的学者如陶行知、叶圣陶、夏丏尊、朱光潜、胡适、丰子恺、魏书生等人，就越是拥有“赤子之心”和“妇人之仁”，用今天流行的概念来说，最好的教育者大多是“暖男”（超越性别），而基本不可能是有着“匹夫之勇”或自以为有着“浩然之气”的“愤青”“怒汉”。在我心里，“妇人之仁”对教育而言并非一个贬义词，我愿把它解释成有着无尽耐心、不惮琐碎烦劳、懂得宽容等待、始终温暖和煦、永远温润如玉的意思，恰如宋代大儒朱熹所言：“仁是个温和柔软底物事。”

让我们努力成为一名“暖男”型的教育者吧。

谁在注视着深渊

父亲对我一直都慈爱有加。说来好笑，在小时候的某个阶段，我甚至还暗暗埋怨他不像别的孩子的父亲那样霸气外露，因为在被某些叙事所塑造的幼稚想象中，“英雄”多有大发雷霆的时刻。父亲却总是笑眯眯乐呵呵的，在我因什么事而委屈啼哭时，一定会好语劝解抚慰，并用他温暖粗糙的大手拭去我脸上的泪水。

记忆中父亲对我施行过唯一一次“惩罚”。那时我念小学，坐姿不正确，伏案写字时老佝偻着背。父亲决定要改一改我的这个坏习惯。为了让我写字时能挺直脊背，他居然找来一根筷子，一头顶在桌面上，一头顶住我的下颌。说来奇怪，就是这么一根看似完全无害的筷子，却给我带来了深深的屈辱感，眼泪止不住地流。坐在一旁写字的兄弟幸灾乐祸，窃窃私笑。我小小的心灵啊，受了一点伤。

跟绝大多数人一样，我始终认为在教育中奖赏、表扬要比惩罚、批评好，主张要“用赏花的心情，去面对孩子”。其实惩罚和批评本身是一种不可少的教育手段，倘运用得当可以收到很好的效果。何谓得当？其核心就是要让惩罚成为理性的，也就是说，惩罚乃依循规则和诺言而做出的举动。比如与孩子事先有约定，当孩子违反约定后不是做烂好人，而是要让他承担相应的后果，这其实也是对契约精神的维护。规则中必然凝聚着理性。前几年媒体热议过一位“狼爸”把孩子“打进北大”的新闻，对于那位“狼爸”的做法，我认为并非一无可取，关键就在于他并不是在气急败坏、情绪失控时暴打孩子，而是遵照亲子间的规约施加处罚。

遗憾的是，多数家长在惩罚孩子时都缺乏理性。表现有二：一是控制不住自己腾腾上蹿的怒火，把惩罚变成了发泄自己坏情绪、挫败感、失望感的方式，这样的惩罚是极端自私而且高度危险的——说起来，因为儿子赖床不起就把他掐死的母亲、因为女儿抄写作业就把她吊打至死的父亲，骨子里都是很“爱”孩子的，只不过他们的“爱”里包含着太强的控制欲；二是未曾顾及自己的惩罚是否会给孩子带来屈辱感，是否损害了那颗小心灵的自尊心——我的父亲可能从未想到，当年撑住我下巴的那根筷子，在我的心里就像是一个“刑具”。

教师在行使批评的教育手段时（虽然很多教师哀叹自己并无批评权），也容易失去边界。有的教师与家长一样，过于信奉语言的“杀伤力”，总恨不能一句话或一番话就把对方逼到墙角。其实面对孩子时，越是犀利或暴力的语言越是无效甚至有害（当然，无休无止的唠叨也类似一种语言暴力，没人可以阻止你的唠叨，但是也没人真正在意你说的话）。记不清是哪位哲人说过这样的话：辩论是一种愚蠢的行为，你越是雄辩就越能激发对方去证明自己的正确。连辩论都如此，粗暴的批评语言更易激起孩子的否认性思维和对抗性思维，而一旦一个孩子习惯于这样的思维，那么想让自己的表现有所改善的意欲和可能性就会降到最低，甚至还会变得喜欢说谎、吵架等。平常在有意无意中，我们对孩子说了多少独断、粗暴的话啊！如果有台录音机把它们全部录下来回放，我们自己听着一定会羞煞愧煞！

惩罚有风险，下手（下嘴）需谨慎。我曾“自创”一个所谓的“咬合理论”，从一个维度来解释为什么长期相处的人在某些方面会变得越来越相像，为什么施暴行为会在代际传递。经常吵架的夫妻，经常斗嘴的母女，经常处于打与挨打状态的父子……从表面上看他们是互相反对的，但他们其实置身于同一个模式之中，就像两个齿轮紧紧地咬合在一起，似乎截然不同，你凹进去的地方是我凸出来的地方，但这样的“咬合”恰恰把自己塑造得跟对方极其相似，尤其是那些缺点会“长”得一模一样。

我忽然想起了尼采的那句名言：“当你凝视深渊时，深渊也在凝视着你。”会不会这样，当你依赖于惩罚时，惩罚也会降落到你头上？

我一直认为，对孩子的教育是一场修炼，正如生活的本身是一场修炼。

面对孩子，我们应该尽量远离高压力的语言和非理性的惩罚。我们应逐渐克服“我执”，懂得宽容，学会等待，善于反思，懂得示弱……在这场修炼中我们磨掉的不是锐气，而是浮躁；丢失的不是个性，而是私欲；追求的不仅仅是成就，更是成全；经历的不仅仅是教育，更是人生。

时间都去哪儿了

父母对孩子几乎无条件的付出和爱，总能带给人深沉的感动。一曲《时间都去哪儿了》，其歌词和旋律都极具代入感，把无数人唱得泪流满面。“时间都去哪儿了/还没好好感受年轻就老了/生儿养女一辈子/满脑子都是孩子哭了笑了/时间都去哪儿了/还没好好看看你眼睛就花了……”而从孩子这边来看也是一样，筷子兄弟的《父亲》只怕也令成千上万的父母老泪纵横：“时光时光慢些吧，不要再让你变老了/我愿用我一切换你岁月长留……”

把最好的东西给孩子，把最稀缺的时间给孩子，把充满爱的陪伴给孩子。父爱如山，母爱似水。家长从无私的奉献中见证了自身的伟大，但是——没错，我忍不住要来煞一煞风景了——如果我们只是一味地沉醉在这种亲子之爱的激情和自我感动中，而疏忽了养育之道中蕴含的节制、适度和理性，那么貌似伟大无私的爱也可能演变成耽误之害、宠溺之灾、骄纵之败。家庭教育中的“过犹不及”主要表现为，一切都以孩子为中心，一切都以孩子的教育为中心，一切都以孩子教育中狭义的知识学习为中心。其结果是，孩子成为被动的“爱”之接受者，沦为了一个教育的客体。

对家长来说，一个“爱”字可以遮百丑，可是歌声里演绎得深情款款的各种表现，在现实生活中却可能完全不是那么回事。比如，父母总爱把自己的喋喋不休美化成“关心孩子”，可这样的“关心”其实是在自我满足，因为如果不说，难受的是自己，说出来无效果，自己更难受，于是就继续一遍遍地絮叨，完全不顾这时候孩子的心里有多厌烦；而孩子的这种反应会使其言说欲、控制欲进一步强化，结果使唠叨成为一种兼有施虐和自虐倾向的病态表演。过度的“爱”，会把一些自然的事情变得不自然，简单的事情变得很扭曲很纠结。

再比如，父母总把对孩子愿望的即时满足看成爱的表现，其实呢，即便各方面条件都允许，父母也应该把持住自己泛滥的爱心，不要用自己无条件给予的方便去消解孩子自觉主动获取的动能，降低他们追求美好事物的渴望。给孩子买东西是最简单最容易的事，但坦率地说，这与真正的爱几乎无关，有时候让孩子不能轻松得到（比如通过分担家务获得报酬，因遵守约定而获得奖赏，以及借助其他延迟满足的手段）才是爱的表现。杨绛女士曾写过，如果她们小时候对某一件东西非常艳羡，父亲常常只说一句话："世界上的好东西多着呢……"杨绛的体会是：得你自己去争取。过度的"爱"会造成孩子主动、自觉意识的弱化。

还有，家长们自以为爱意无限的种种不放手、不放心的举动，都是想用自己的意愿去代替、束缚孩子自主、自觉的生长需求，其骨子里是对孩子的不信任。当然，孩子还小，需要大人呵护和引导，这是常识。过度管控的意思是家长总是有意无意剥夺孩子自己去体验、尝试的机会。家长越是不相信孩子，替孩子想的、做的就越多，而孩子也会越来越朝放心不下、省心不了的方向发展。只有给予信任，才能换回值得信任的孩子。记得我在学驾驶时，有一次正在练手，眼角余光看到教练居然打开一份报纸自顾自看起来，顿时，我信心大增的同时责任感也陡然而生，车开得无比稳当，因为我不想辜负教练的信任。我并非说要盲目相信孩子的自控能力，而是说在教育中不妨换种思路，与其紧攥双手、严防死守，不如在适当的条件下让孩子学会自主自觉自信。毕竟，管是管不了一辈子的。

过度的"爱"还会造成家长示范意义的缺失。时间都去哪儿了？都交给孩子了。孩子做作业，家长在旁边盯着——却没想到，家长安安静静地做事情，对孩子是一种更好的示范，能读读书更好，哪怕打个毛衣、整理衣服、做点家务也比寸步不离守着孩子强，后者只会让孩子紧张、不自在甚至反感。家长自己勤勉、认真的状态，必定对孩子产生积极的示范意义。优秀班主任郑英曾在一封给家长的信里写道：每天孩子在教室里晨读时，她必定端坐讲台上静静看书，因为"无声濡染是最好的教育方式"。雅斯贝尔斯说过一番被广为引述的话：教育本身意味着一棵树摇动另一棵树，一朵云推动另一朵云，一个灵魂唤醒另一个灵魂。如果家长这棵“树”自身发育不良，它怎能摇动另一棵树？如果家长这朵“云”自身不够舒展灵动，它怎能推动另一朵云？如果家长这个灵魂自身不够饱满鲜活，它又怎能唤醒另一个灵魂？

父母把所有的时间都交给孩子，听起来感人，看上去动人，传递出来的其实未必是一种正常的生命价值观。失去自我的人，缺乏对于生活本身的原发性的热爱的人，贬抑自己生命本体价值的人，很难成为好的教育者，无论他（她）是父母还是教师。为孩子而活，把孩子看成世界的绝对中心，貌似伟大，其实不然。把所有的意愿都投射到孩子身上，把所有的期望都寄托在孩子身上，这对孩子也未必公平，他们或许还将承受另外一个生命强加的重量。带孩子出去玩，自己没时间看风景，一门心思给孩子拍照片，只想让孩子感受更多收获更多，却在回家途中一个劲地问：“好玩吗？”“有什么好写的内容吗？”仿佛玩本身不是玩的目的，仿佛家长自身的一切感受都不重要，仿佛家长只是孩子实现自我全部可能性的一个工具。其实呢，父母与孩子一起欣赏、一起运动、一起体验、一起领会成功的喜悦和失败的痛苦，这种平等共享、充分沉醉的陪伴才最有价值。当父母消隐了自身，当父母的时间只为孩子而流淌，说句实话，这样的“牺牲”只是满足了家长自我崇高感的需要，孩子未必领情，未必认账。对父母和孩子来说，要好玩就一起好玩，要成长就一并成长，只有这样，所有那些在这个世界上一道陪伴着走过的时光，才不仅仅是满是伤感的消耗，更会是一种爱的滋养和创造。

接纳比赏识更重要

“今天跑了第一名，孩子你真棒！带你去吃大餐！”

“你这次考试成绩得了高分，爸爸为你骄傲！奖励你一次旅游机会！”

相信很多家长都对孩子说过类似的话。这样的话听上去没什么问题，我们几乎张嘴就来。本来嘛，我们是否喜欢一个孩子，很大程度上视其表现好坏而定。

但是仔细分辨一下，我们会发现这种习以为常的表达方式中蕴含着某种令人不安的东西。谁都知道对孩子的赞赏有着毋庸置疑的正面价值，但这样的赞赏却有可能会让孩子联想到另外一层意思：“如果今天跑了最后一名，如果我得了很低的分数，父母大概就会以我为耻了吧?”情况似乎变成了这样：“我”这一个人的价值，全部维系于“我”的表现。表现不好，“我”就什么也不是，“我”应该无地自容，“我”应该羞愧难当。“我”这一个生命的本体并不重要，重要的反倒是那极其僵化、冰冷、机械、狭隘的名次和分数。

孩子这样的理解当然是有些偏激的，但我们无法阻止他们这么去想。何况的确有太多的师长，只是机械地根据孩子的表现好坏派发赞美和批评，表现好就喜笑颜开，恨不能捧之上天；表现不好则满脸厌恶，生气发火，抱怨责备，恨不能摁之入地。正是出于这样的顾虑，美国子女教育专家麦道卫等人特别强调道：“除非你的孩子能够完全肯定你是无条件地接纳他们，否则赞美和欣赏会变成操纵。孩子会开始活在表现的层面上。”

无论孩子表现好坏，父母首先要让他们明白自己是无条件接纳他们的。接纳比赏识更重要。赏识是有条件的，而接纳是无条件的。面对孩子，正确的态度应该是如麦道卫等人所言：“比起孩子获得的成就，我更欣赏孩子的努力；我欣赏孩子作为人的价值，更胜于他们的努力。”

创造了“第56号教室奇迹”的雷夫，曾经把赞美和奖励视为一种非常有效的教育手段，年轻时候的他也喜欢说这样的话：“如果代课老师说你们很乖，星期五就可以办比萨派对。”他还用糖果做奖品引导孩子说礼貌用语。但他很快发现，孩子们只在他的视线内才会有好的表现，在得不到赞赏和奖品的“盲区”，那些好品行荡然无存。认识到这一点后，他甚至把一些奖赏手段看作“教室贿赂行为”。

在心理学上，可以用“过度理由效应”来解释孩子们的表现：如果支撑着一个人行为的只是某个外在的“理由”（赞赏、奖品等），那么当那个“理由”消失时，其行为也就失去了依据和动力。那个被孩子吵闹搅得心烦意乱的老头，聪明地拿出糖果来奖励叫声最大的孩子，当他逐渐减少直至断绝奖励时，孩子们也就偃旗息鼓了——哪怕吵闹原本是他们的天性。

还有哲学上的解释。诚如麦道卫等人所言，年轻时的雷夫与许多喜欢“贿赂”孩子的家长一样，都没有把孩子作为一个有机的、完整的、优点与缺陷并存的生命体充分接纳下来，而是把他们窄化了、简化了、抽象化了、工具化了。奖赏的确成了一种“操纵”（当然，说得好听一点是“引导”）的手段，孩子则成了“活在表现层面”的“玩偶”。对他们来说，来自权威者的赞美和赏识不是一个自然而然的结果，而成了一心追逐的目标——这也正是陶行知“四颗糖果”与聪明老头“奖励吵闹糖果”在教育效果上的重大差异。被“操纵”的孩子活在了别人的评价里，活在了矫饰和表演里。他们没有自己本真的世界。可生命原本是怎样的呢？春叶葳蕤，自有欣欣生意，“草木有本心，何求美人折”！

人当然不可能不在乎表现的好坏和评价的高低。雷夫引用并具体化的“道德发展六阶段”理论中，“我不想惹麻烦”“我想要奖赏”“我想取悦某人”等前三个阶段，其实都是“活在表现的层面上”。这样的阶段是不可缺少的，否则我们可能会看到很多只是活在自己世界里的“独狼”式的人。只不过，我们不应该让孩子一直这样，不应该让他们成为看人脸色、看菜下碟的“摇摆人”，成为人前一套、背后一套的“双面人”，成为逢迎权威、习惯屈服的“奴性人”。要慢慢让他们明白，好好吃饭、好好学习、好好生活、好好做人，是一件“为己”的事，并不是做给别人看的，并非仅为了满足父母师长的期望；而且“表现”也不是他们的全部，哪怕表现不佳也不必有负疚感，更不必因此贬低自我存在的价值，而是要培植追求自我实现的自律性、自觉性，收获一个积极进取的生命本身必将产出的丰盛的欢乐。雷夫所说的“没有贿赂的教育”与“没有害怕的教育”是一体的，它们都建立在悦纳孩子的基础之上。

诗人写道：“为了看看阳光，我来到世上。”每一个来到这个世界的生命，都有着不证自明的本体价值，都有着不可替代的自我完满。我们要给他们阳光，哪怕有时候不能给，也请别挡住他们的阳光。

今天的痛苦换不来明天的幸福

几年前读米兰·昆德拉的小说《无知》时，有一段话曾深深震撼了我。

“死，决定去死，这对一个少年来说要比对一个大人容易得多。什么？死亡将要夺去的少年的未来不是更远大吗？确实是的，但是，对于一个少年，未来是一种遥不可及、抽象虚幻的东西，他并不真正相信。”

我不知道这样的论断有没有得到科学研究数据的支持，也许它们只是作家为了推动故事进展而让自己不羁的想象力做了一次漫不经心的发挥而已，但我多少能识别出其中的理性意味。无论如何，包括父母和老师在内的成人世界都要警觉起来：我们唯有尽可能深地走入少年真实的内心世界，才能阻止他们在否定生命的灰色巷道里越走越远。

每次听到有关花季少年自杀的消息，心里都会生出一种沉痛感。人生的画卷还没来得及展开就漫漶模糊，美好的乐章还没弹几个音符就猝然终止，这是生命最可悲哀的结束方式。在直观的印象里，有的孩子是因为学业压力大而选择放弃生命的，所以人们在批评竞争激烈的应试教育的同时，也免不了为他们心理的脆弱扼腕叹息。可是我总觉得，那压力似乎并没有沉重到让人无法承受的地步，几句批评和责备也不至于把人逼上绝境。“原委之小，行动之大，这两者之间明显的不相称，难道她自己看不明白吗?”想想昆德拉的那一番话，我们也许能找出自杀背后更深层的原因：他（她）看不清未来的模样，未来在他（她）眼里是黯淡无光甚至虚幻的；既然当下他（她）品尝不到多少快乐的滋味，那么抽象的未来也就没有什么吸引力可言了。我们确实可以说少年的未来很远大，但那“远大的未来”只是潜在的，而非真实的存在，它还没有机会展开或呈现，所以是轻飘飘的，不可能成为现实生命之舟的“压舱石”。

我们的习惯思维里，一直有种轻视当下感受的倾向。像“吃得苦中苦，方为人上人”“十年寒窗无人问，一举成名天下知”这样的“励志”话语，其潜台词无非是要用今天的痛苦换取明天的幸福。仿佛时间是不均匀的，时间的质量是有差异的，现在的每一天都不过是“彩排”，只有成为“人上人”的那一刻、“成名天下知”的那一刻，才是“现场直播”，才是生命皇冠上最耀眼的明珠。这显然只是一种臆想，但凡抱着这种念头奋斗的人，所谓的“成功”之日即是其观念幻灭之时。正如有些咬牙苦读的孩子，一旦考上大学后反而失去目标，玩玩游戏、混混日子而已。

可是，这种轻视当下的论点居然还颇有市场。“别在那儿嚷嚷什么减负！别跟我说什么只要孩子快乐就足够！孩子学习成绩不好，在班上排名靠后，他怎么能够快乐？他哪儿来的成功感幸福感？”下面的这番话也貌似顺理成章：“如果你一定要心疼孩子，或者一定要让他‘自由’发展，那等他长大以后，什么好大学呀、好工作呀、好对象呀，你也不要有太高期望。因好的资源是有限的，是留给聪明人的……”喋喋不休，咄咄逼人，语气霸道，逻辑强硬。听听，今天你如果没有铆足了劲去争那一题一分，不是咬紧牙关去过那一关一卡，那么根本赚不来一个美好的未来。你失去的不是一道“窄门”，而是整个宽阔的人生。如此看来，学业不够理想的孩子，他们现在背负的何止是一点分数的压力，他们扛着的是所有“即将到来的日子”，太重了。

且不说每个孩子未必有着相同的成长节奏，此时落后不代表彼时不优秀（无数例子证明了这一点），也不说并非所有孩子的天赋优势都能体现在干瘪僵化的学科成绩上（这应该早就成为常识了），退一万步说，即便孩子真的整体比较平庸，那又如何？我们就可以势利地宣判孩子不会有幸福吗？

有一个孩子有一天对妈妈说：我可能会让你们失望，我是个比较平庸的人。他的母亲后来是这么回应的：我不在乎你是否有成就，我在乎你是否快乐（没错，“快乐”是可以离开大众意义上的“成就”独立存在的），但只有能给你“意义”和“时间”的工作生活才可能是快乐的。比如，“给河马刷牙”。所以，别管平庸不平庸，因为那是跟别人比较。而一个人，“千山万水走到最后，还是‘自己’二字”。

珍惜当下，把握今天，并不是意味着现在每天躺着睡大觉或者随便混日子，因为没有任何压力和张力的生活不会有意义，根本不可能快乐。事实上，正是奋斗和追求才能带来价值感，给人幸福体验。苦中有乐趣，坚持是种瘾。所以，现在就要幸福，其实是指现在就要以积极的态度面对生活、面对学习，不与别人比排名争先后（那只会让自己焦虑），更重要的是以诚实的态度面对自己，得到“心灵的安适”。如此，未来才会具有召唤性，才会让今天的孩子们即便在遭逢困境时也依然抱有美好的冀望和向往。

重要的话，只说一遍

“重要的话说三遍！”

这是现在相当流行的一句话。我不知道这话的出处何在，也不知道它有什么好玩的地方。反正如果听到有人说它而不发出会心一笑，察觉不到在某种语境里来这么一句时会制造的调侃意味，自己就枉为地球人似的。好吧，我今天借题发挥想说的其实是，真正有效的沟通无论在家校之间还是亲子之间，都要把握一个原则，那就是“简洁！简洁！简洁！”重要的话说三遍，呵呵。

在没有遇到啰唆的人之前，你不会觉得啰唆的人有多让人厌烦，你反而会说：就是话多一点，心还是好的呀，每一句嘱咐，每一次提醒，满满的都是爱啊。唠叨总比冷漠强吧，总比不闻不问强吧。我不明白的一点是，一个人如果不啰唆，就非得一语不发成哑巴吗？这个世界上就没有简洁而有效的沟通吗？

为什么孩子总是不爱听父母和老师的唠叨？因为在你灼烤耐心的语言高压下，他们早已开始了习惯性躲避。为什么你强调了三遍乃至三百遍的话，孩子总是置之不理？因为在你念咒语般的声音磁场里，他们早已开启了选择性屏蔽。所有的声音滑过他们的耳畔，就像水从鸭背淌下，无一句入耳，无一句入心。别跟我说长大以后他们会觉得师长的唠叨是多么温暖亲切有味，那是只能在歌里面唱唱的，别太当真，如果长大以后那唠叨声、碎碎念依然萦绕耳畔，那么所有的情怀都只能零落成泥碾作尘，只有烦如故。当然我丝毫不怀疑人们会怀念父母或师长的唠叨，但它也只能用来怀念。

《大话西游》里的那个唐僧，心肠多么好，可他带有强迫症倾向的唠叨却逼得孙悟空大发狂性，逼得妖怪都纷纷自杀。可见，啰唆或唠叨的杀伤力有多强。“我叫你不要乱扔东西，乱扔东西是不对的呀……砸到小朋友怎么办，就算没有砸到小朋友，砸到花花草草也不好嘛……”今天的很多父母真得扪心自问一下，自己平时的说话方式是不是这样？什么话都颠来倒去地说，翻来覆去地说，那嘴巴就像一个全天候工作、全波段覆盖的发射器，试图把信号绵绵不断地发送到小朋友的耳朵里，却不曾想到，那“耳朵”，已经关机。

啰唆之无效和反作用可谓大矣。其弊有四：其一是唠叨中必定多有指责、抱怨和数落，负能量指数几乎爆表。其二是言语的洪流容易淹没真正有价值的信息。说得太多，孩子反而抓不住重点，结果变得对什么都无所谓。我们经常说熟视无睹、有口无心、充耳不闻，其实是因为“熟视”，所以“无睹”；因为“有口”，所以“无心”；因为“充耳”，所以“不闻”。其三是容易让孩子在判断问题时失去分寸感。因为你的说教本能过于旺盛，对什么事都不加区别地说上一通，不知留白，结果孩子也就掂量不出后果的轻重。比如，他们会把“乱扔东西”与“跟陌生人走”看成性质相同的事情。其四是会让孩子产生不必要的期待。如果一位老师每次布置作业时都要反复强调，那么孩子当下就不会集中注意力，反正老师还会再强调的嘛。有些孩子养成了当时不认真倾听、回过头来问东问西的坏习惯，其实就是被这些充满爱心和具有高度责任感的父母或师长给惯出来的。

如今家校之间的沟通是越来越便捷了。不必说，借助校讯通、QQ 群、微信群等平台，教师与家长会有很多的交流。但是不是双方的言语往来越多、互动越频密，沟通就越有效呢？我看未必。以前看到过一则新闻，褒扬一位热衷于给家长发短信的教师。那位班主任在 16 个月里给家长发了 8000 多条短信，班上每位学生家长分别被他“骚扰”了 222 次。我丝毫不敢低估这位教师对工作的热忱，也为他能耗费大量时间精力在家校之间搭建桥梁的努力而感动，但我却颇为怀疑这种沟通的有效性。在这么一个信息过剩而注意力短缺的时代，在 QQ 的“嘀嘀”声频响和手机的振动不断的情境里，如果我每天都能从老师那儿收到一些无关痛痒的短信，我是不会太把它当回事儿的。也许我会很随意地把它们瞄上一眼，然后摁下删除键，就像删除那些提醒流量的通知短信一样。

记得念中学时，班上有一位数学高手，什么难题都能解开。但他有一个奇怪的特点，就是做题时经常舍近求远，而不知去繁就简，明明用两三个步骤就可解开，他却偏要花上十多步。数学老师就批评他，说他违背了“思维经济性原则”。后来我知道这一原则来自著名科学家、哲学家马赫。家校、亲子之间的沟通，亦当遵循这样的“经济性”。让我们拿出“奥卡姆剃刀”，剔除一些不必要的冗余的信息，使每一颗言语的种子，都找到生根的土壤。

过犹不及，简洁最美。

重要的话只说一遍。

育人如一场圆舞

我从楼上望下去，只见娘儿俩正在盛夏炎日下姗姗而来。他们手里各握着一个冰激凌，边走边吃，一副很享受的样子。

一瞬间，我有些恼怒。这几天小家伙吃了不少冰激凌，我一直担心他吃坏肚子。再说了，冰激凌里有各种添加剂，除了给人一点口舌之快外，真没什么好处。刚才妻子带儿子出门前我还特意提醒，别再吃冰的东西了，要多喝开水。看来他们还是没有抵挡住诱惑。

我打算等他们进门时好好“批评”一番。可是等了好一会儿，我还没有等到他们上楼的脚步声。怎么回事？

等待很无聊，思绪很飘忽，我忽然产生了一种不好的预感：他们知道我对吃冰激凌的拒绝态度，因为怕受到责备，会不会在楼下把它们吃完了再回家，然后在我质问“有没有吃”时回答“没有”？如果那样可就太糟糕啦！倘若这么小的孩子就学会了撒谎，那我的罪过岂非很大……这么想着，我简直感到脊背阵阵发凉。

“爸爸，我们回来了！”儿子清脆的叫声让我回过神来。我紧张地看过去，还好，他们每人手里还握有小半个基本融化了的冰激凌。他们没有试图隐瞒，我暗自称幸。那一刻，我装作什么都没看见，也不再有半句“批评”。

是的，我暂时搁置了我的“原则”。我必须妥协。刚才等待的那几分钟里，我头脑里发生了一场风暴，我被自己的想象吓坏了。教育孩子，当有必要的妥协。否则，小问题有可能演变成一个大错误。这次他们只是犯了个无伤大雅的小规，甚至连错误都算不上，如果我以孩子健康的名义，劈头盖脸地大加指责，也许下一次他们就会用谎言来对付。当“瞒和骗”成为孩子的一种应对策略时，家长的悲催之旅就算是真正开始了。

幼教专家沈颖洁曾说，千万别为了达成一个短期的小目标，而让孩子付出巨大的心理代价。可我们在教育孩子时往往会有一股特别执拗的劲儿，总觉得当下没有促使孩子完成某个任务或者校正某种行为，没有“立下规矩”，就是一种了不得的挫败。所以，孩子越是挣扎，越是抗拒，我们就越是用尽威逼恐吓的高压手段，想“摁住”他们，“扭转”他们。只有当孩子终于至少在表面上显出屈服的样子时，我们才会如释重负。这是多么愚蠢的管教方式！我们岂止是得不偿失！如果我们一味霸道和强势，让孩子在心理上学会了“潜伏”和“伪装”，在人格上发生了“分裂”和“扭曲”，那我们几乎已经输掉了一切。

从这样的角度去看所谓“问题儿童”“问题少年”，我们也许会有另外的见解。比如，并非所有的问题孩子都是因为家长疏于管教所致，恰恰相反，他们的家长可能有着极其严厉的管教方式。但他们却撒谎成性，摆出玩世不恭的样子，不断冒犯成人世界的权威，在同龄伙伴圈里充当“老大”。或者，他们小小年纪就有两副面孔，家里是乖孩子样，在父母视线不到之处就是熊孩子样。家长苦着脸哀叹：“我们用尽了力气去管他，打也打了，骂也骂了，但是没有用啊!”难道这些孩子真的是生性顽劣，天生就带着坏孩子的基因？当然不是。智力因素也许主要取决于先天，行为规范、人格品德的养成则与后天环境和教育密切相关。他们的“问题”，恰恰可能是家长错误的管教方式造成的。

有的谎言，是被自以为无比正当的严词训斥给逼出来的。

有的逃避，是被做错事后可能面临的严峻惩罚给吓出来的。

我提醒自己，在孩子面前，别动不动摆出“严父”的架势，还是做一个随和的人吧。

教育中当然需要坚持原则，但在绝大多数情况下，那原则是有弹性的，可伸缩可弯曲的。面对孩子在成长过程中可能出现的偏差，我们的教育不是像辩论赛那样选立场、拼逻辑，不是试图用语言的高压逼着人屈服，而是要用一种包容性的、圆融的思维，体察到孩子的需求，照拂到孩子的心理，涓滴渗透式地、润物无声式地促进孩子自我生长，如同春风催动繁花一般。这样的教育不复呈现“施—受”二元对垒格局，而更像是一场进退有序、张弛有度、欲说还休、欲拒还迎的曼妙圆舞。

成长远远大于成功

我一直认为，书信具有一种诗性气质，当一个人独自面对信纸或屏幕，让心沉静下来，努力去寻找合适的句子和语词来表达所感所思时，很多芜杂之念就被过滤掉了。正如我在《遥远的书信》一文中写的那样："写信是对心灵噪声的排除，是对孤独时光的享受。写信是一次屏蔽干扰、面对自我的修养。"

身为父母，不少人都动过给孩子写封信的念头：想跟孩子说说初次相逢时的喜悦和惶恐，想细数一番未来成长路上可能遭遇的丽日和风雨，当然喽，更希望借助书信这个载体，把自己半生积攒的一些认知和体悟，化为叮嘱郑重地交付给孩子，从而完成一次心智和情怀的交接。当睡前捧读《成长，请带上这封信》一书时，我感受到了三十位写信者那"世间最珍贵最绵软的爱"。爱之所以珍贵，是因为它蕴含着足够多的智性。

有一类家教读物，总是刻意渲染某种狭隘的浅表意义上的成就，比如用"哈佛""北大"甚或"重高"等金光闪闪的名头来"证明"自己家庭教育的成功，用"你可以不是天才，但你可以成为天才的母亲"这种似是而非的口号来蛊惑读者，仿佛一个家庭未曾开足马力牵引或驱赶着孩子往名校一路狂奔，那就是不可思议的事情似的。教育竟然变成了这样：只有你培养的孩子貌似攀爬到了"成功"的塔尖，摘到了万众渴慕的"金苹果"，你才有资格来谈论家庭教育的是非优劣。也因为这样，有的家教书籍还没被翻开，就从书腰或封面透出一股浮躁之气。《成长，请带上这封信》却不然，静静翻阅它，我心里不会冒出一丝焦虑。也许因为书中写信的父母自身都算得上事业中的成功者，反而可以把许多家长梦寐以求的那种"成功"看破，"不畏浮云遮望眼"，他们能够凭借自己丰富的阅历、开阔的视野、健全的价值观、较强的反思能力，不盲目“望子成龙”，不把“育儿（女）”这件事弄得那么拧巴，而是会用一种沉淀下来的睿智，更为理性也更为开放地来看待一个人的成长。

成长本身要远远大于成功。

黄磊在写给女儿的信中说：“相信爸爸，你们即使一事无成也不必难过，没有世俗认同的成就的人是多数，你们不必成为少数，平凡最好。”黄磊这里说的话应该不是矫情，他确实是这么想的。在影艺圈里他算得上是个明白人。黄菡也在信中对女儿说：“我和你都不属于特别聪颖的人，幸好！那就让我们慢慢来……需要耐心，不是等待成功，是习惯平淡。”白岩松也毫无迟疑地叮嘱儿子“不争第一”：“人生不是竞技，不必把撞线当成最大的光荣……何必把争来的第一当成生命的奖杯？我们每一个人，只不过在和自己赛跑，在那条长长的人生路上，追求更好强过追求最好。”

希望孩子拥抱平凡、乐于平淡，却能养成优秀的品格，保持对世界的好奇，焕发对生活的兴趣，实现自我或大或小的价值——这也是不少写信者所信奉的育子真经。刘瑜写道：“对你的‘成就’无所寄望不等于对你的品格无所寄望。”她把有求知欲、有同情心、有责任感、有勇气等列入了必备品格的清单。张泉灵为孩子稚嫩的心中生长出来的对世界的好奇心着迷，她鼓励儿子能通过不断的阅读和更多的经历，“让世界长大”。

这些明智的父母都懂得尊重孩子，他们不会把孩子看成自己的附属品。杨红樱强调“尊重孩子的每一次选择”，朱永新希望儿子能“对自己的选择负责任”，安妮宝贝亲子信的标题就是《我们彼此的人生是独立的》。安妮宝贝不对女儿寄托过多期望，不试图用力灌输给她什么，“我只希望她自在地喜悦地玩耍，对这个世界充满好奇，用她自己的方式去探索，去前行”。她提醒自己不要打乱孩子成长的内在的节奏，因为对孩子来说，“没有什么是比保护天性和保持愉悦和活力更重要的事情”。我们这些过于着急的、动辄因为孩子哪方面“落后”而焦虑的家长，真的需要多做点内省的功夫。

几乎每天，我都接送孩子上下幼儿园。从第一天开始，我就惊奇并欣喜于幼儿园门口那种令人愉快的氛围。孩子与老师和保安之间总是快乐亲切地打招呼："早上好!""再见!"几年间从无半分倦怠，一如初见。当孩子看到一位熟悉的老师或同学，定会难抑兴奋之情地大声呼喊，跑过去牵手或者拥抱，满脸都洋溢着稚气的笑……而我们成人之间，即便脸上的表情显得比平时更柔和些，却再也找不到那种永远新鲜的激动和快乐。那瞬间我的想法跟张泉灵是相似的："其实，我多希望时光停留，你长得慢点再慢点……"

孩子慢慢地成长，正如我们慢慢地衰老；唯愿同行的过程中，有足够多的美好。

给孩子一片信任的天空

外婆的假牙不见了。

我下班回家一开门，5 岁半的儿子就没头没脑地对我说："我没有把外婆的假牙扔到抽水马桶里。"听得我一头雾水。问后才知，丈母娘今天过来帮忙照看小孩，中间把假牙拿出来搁到碗里，但后来却怎么也找不到了。她问我儿子有没有看到过，他说没有。但她联想到我儿子以前似乎曾表现出不喜欢那副假牙的样子，就高度怀疑他把它扔到哪个地方了。在遍觅无果后，她发挥自己福尔摩斯般的推理能力，认为很有可能，假牙被扔进了抽水马桶。尽管我儿子一直否认，但她似乎对自己的推测深信不疑。

妻子回家后，也投入了对儿子的审问。当然，她努力显得更"艺术"一些，蹲下来拉着儿子的手，摆出亲善的样子，像是诱供："告诉妈妈，你把假牙藏哪儿了？如果你真的藏起来也没关系的，只要说出来，妈妈还是会表扬你的。做人一定要诚实。现在外婆没有假牙好可怜哦，吃东西都没法咀嚼了呀……"可儿子只是重复着那句话："我没有把外婆的假牙扔到抽水马桶里。"当妻子询问过丈母娘今天来时究竟有没有戴假牙，再转头试图让儿子说实话时，儿子却又这么说："外婆今天没有带来。"很不幸，因为外婆今天确定无疑是戴着假牙来的，所以儿子的这番学舌也就成了他不说实话的明证，他的否认显得不那么可信了。

眼见她们这么折腾孩子，我只能泛泛地说："别着急，再找找，不要冤枉了孩子！"我还做起了妻子的思想工作，说某样东西一时找不到的情况是有的，等发现它的时候自己都会哑然失笑。我甚至还讲了作家冯骥才多年前一篇小说中的故事。那是风暴来临人人自危的年代，主人公彻夜写了一封信，信的内容很私密，如被人抓住把柄将沦于万劫不复之境。写好后他给信抹上糨糊贴邮票，然后洗漱，头昏沉沉地出门准备寄信。到邮筒前却发现信不见了……因为这封神秘消失的信，他的人生命运彻底改变。可是在小说最后，那封主人公恨不能掘地三尺都找不到的信，却又出现了。那么它究竟躲在哪儿呢？它居然被牢牢地粘在了脸盆的底部！怎么粘上去的，“回放”一下便都了然了。这样的剧情逆转得像个惊叹号，所以作家给小说取名为《啊!》。

一些“冤案”的发生，肇始于人的过度自信。在教育上我始终坚持的一条是：可以批评，但绝不能冤枉。为了继续说服妻子，我还回忆了自己小时候受冤的一桩往事。老师用他福尔摩斯一般“严密”的推理，认定我干了坏事。他根本不听分辩，在我头上敲了一个重重的“爆栗”。我记得自己好像流眼泪了。那眼泪，一小半源自疼痛，一大半源自受冤后的屈辱。多少年以后我还记得那份屈辱，可见粗暴的臆断和体罚给我留下的心理阴影面积不算太小。

也许我们都还没有充分地认识到，一个孩子的自我辩解能力其实是很弱的。老师或家长的威压，本身就会让他们习惯性地不敢开口，哪怕开口也只能嗫嚅而言，或者重复着“我没有，我没有”或者“不是的，不是的”。他们对于某个情境的理解能力，对于某件事情的表达能力，恐怕都是比较有限的。前段时间，杭州有位小学女生在书店买好书出门时，因为书包里有在别的地方买的书，被保安拦住了。众目睽睽之下，她被视为一个很丢人的偷书贼。幸好有一位阿姨出面替她付了书款，让她脱身。事情的真相是，她书包里的每一本书都是买来的，她根本就没有偷过书！更糟糕的是，哪怕那位帮她脱身的阿姨也认定她偷了书，还义正词严地教训了她一通。她为什么不辩解？为什么“默认”了偷书的指控？就因为孩子的自辩能力很欠缺。所以，如果老师或家长太相信某些所谓“眼见为实”的东西，更何况有时候连“证据”都没有，只是凭借自己的猜测或推理，过分执着于自己的判断，坚持“有罪推定”，那么很有可能误解甚至委屈了好端端的孩子，从而酿成一个育人的事故。随便“百度”一下，就可以搜出很多学生受冤枉后为自证清白而跳楼、上吊自杀的悲剧。育人之事，能不慎乎？

记得某名校校长在文章里写过这么一件事：学校要求学生在教室里吃中饭，饭后才能到外面玩。有一天，值日老师看到一个学生嘴里含着饭在过道里疾行，就上前批评了他，孩子虽很委屈但没辩解。班主任事后了解到，这位学生已经饭毕，身为实践基地小鸡饲养场管理员的他，那会儿是含着饭去喂小鸡的。这位校长对此事的反思是：面对孩子，我们应该停下脚步，延迟判断，先要弯下腰来问问孩子的真实想法，也许就会少犯很多错。

我总是说，一个人的愚蠢与智商无关，而与其思维方式、心智模式有关。育人是难的，难在消融不了偏见，难在摆脱不了佛家所谓“无明”的境地。有多少自负，就有多少虚妄。有多少臆断，就有多少愚蠢。育人者，无论是教师还是家长，都应该让自己处于一个蝉蜕般的终身反思的自我修养过程之中，要有一些蓦然回首，还要有一些豁然开朗。

扯远了，回到开头的故事中来吧。那天晚上，直到临睡前，妻子还在跟儿子碎碎念着假牙的事。一脸无辜的儿子是个好脾气的家伙，他没有流露出任何抗拒的态度，还跟着我们一起东找西找。但我相信他能感觉到妈妈对他的半信半疑。孩子是感受的天才，大人表面上的信任怎么掩饰骨子里的那几分保留？

跟冯骥才笔下的那封信一样，外婆的假牙也出其不意地出现了。我打开储藏室的门，赫然看到那副假牙正静静地趴在窗台上，仿佛在嘲笑着过去几个小时里我们内心经历过的所有那些自以为是的猜疑和似是而非的判断。

妻子一把将儿子搂在怀里，一个劲儿地向他道歉。为了补偿儿子受到的委屈，她当场许诺给他买一只大的霸王龙玩具。在我看来，这样做其实更多的是在缓释她自己油然而生的愧疚感。

我只是感到庆幸，庆幸整个事件能凭借一个物证来做完美的收束，庆幸大人对孩子言行上悬浮着的疑心如冰雪消融。但我们必须得记住，有太多的事情，其实是未必能得到验证的机会的。每一位育人者需要自问的是，如果没有那样的证明，如果等不来水落石出的时刻，对于孩子，我们是否能保持足够的耐心和理解，我们的信任感是否依然坚如磐石？

支撑孩子世界的基石，是我们的信任。我们给出的尊重和信任有多结实，他们的天地就有多清澈，多辽阔。

我们能让孩子自然醒吗？

在一档户外真人秀电视节目里，被誉为“站在食物链顶端的男人”贝尔·格里尔斯，带领一帮中国明星在荒野中挑战生存极限。看那些头脸齐整的明星如何面对种种压力，最后或体面或狼狈地逃离设计中的困境，是一件有趣的事。但令我印象深刻的其实不是明星们的表现，他们高空过瀑布时的惊险、被迫吃各种虫子时的纠结、嚷嚷着要离开节目组的矫情，无非就那么回事。最打动我的，反倒是贝尔对正被怯懦感、恶心感折磨的明星们所做的教育工作。没错，这位有着“野外求生第一人”名头的英国人竟是个极其有说服力、煽动性的超级励志演说家。

他说，人总是习惯待在自己的舒适区里的，可是真正的成长，却只会发生在你离开了舒适区、面对困难的时候。

他说，身处险境，你心有恐惧这是自然的，但是记住，对于恐惧之事，要做的第一步是：直视它！“怕”未见得是坏事，你可以让“怕”成为你的向导，你会因为怕挨饿去寻找食物，你会因为怕死吞食下平时看一眼都毛骨悚然的东西……

而他在冒险之旅刚开始就一再对着队员们强调的是：“记住，这是你们的旅行！这不是我的旅行！”

“这是你们的旅行！”正是这句话给予我明确的启示。当贝尔说这句话的时候，他俨然是个家长，而面前的队员、户外探险的素人们，就像一群有待引领的孩子。他的意思是，尽管他是个引领者，但各种困难需要自己去克服，再艰难的路也得自己走。在教育之旅中屡有困惑的我，被这句话中所蕴藏的智慧击中。我们都需要反思，太多的时候，我们是否把孩子的旅行当成了自己的旅行？

我们总是习惯于越位。当孩子自己学着做一些事时，我们会嫌他太慢，直接上手去“帮忙”，而做不到像一位著名作家母亲面对那个在专心打蝴蝶结的孩子一样让他“慢慢来”，即便把她那段优美的文字倒背如流，不懂得等待、特别擅长跟“别人家的孩子”比较的我们还是会失去耐心，着急起来。我们会迫不及待地要给孩子灌输很多知识，尽管我们表面上知道“灌输”不好，但如果带着孩子到了动物园，当孩子正出神地盯着斑马时，我们可能会不厌其烦地给他念类似“奇蹄目马科马属”这样的说明文字，不管孩子有没有兴趣，能不能消化。我们总是轻视孩子自己去观察、探索、体验的价值，总是固执地剥夺他们发呆的机会、犯错的机会、在磨磨蹭蹭和别别扭扭中自主成长的机会。我们只认明面上的知识账，却看不到那些在体验中悄然萌动并且按其自身节奏生长的本质性的能力。“不愤不启，不悱不发”，说来容易，做起来难。

我们似乎还很享受强迫孩子的感觉。我偶尔会找出以前给孩子拍的视频来看，孩子稚气十足的表现总能令我莞尔甚至大笑，但如果把声音打开，我就会忍不住脸红，因为我的话语里有太多“别过来”“你想干吗”“把手放下”这种祈使语气和命令口吻，有时候甚至还有“再这样爸爸就不喜欢你了”之类的威胁口气。我一直以为自己对孩子说话的语气够柔和的，没想到出来的全是居高临下甚至粗暴的调子。人的一大病是不自知，所谓“睫在眼前长不见”，但是一个客体化的镜像却能让我们看清自己的真实面目。这种带点强迫性的教育或教训冲动，其实还是缘于没有真正认识到“这是孩子自己的旅行”之意味。我只能提醒自己，在说出一些指令性、压迫式的话语之前，能否多容忍他一会儿，哪怕只是几秒钟？有一位著名的绘本作家说，写童书其实就是在跟自己的童年少年“say hello”，我，在面对孩子一些不符合期望的作为时，能否也设想一下自己的当年，能否跟那个懵懵懂懂的孩子打一个招呼，用含着笑意的眼睛面对他，仿佛在说：嘿，这一切，我都懂得。

我们还很有可能变得假模假式。当我们把孩子的旅行变成我们自己的，我们就容易进入一种“装”的套路。在给孩子介绍“奇蹄目马科马属”时，我们是否真的对这些知识有着浓厚的兴趣？当告诉孩子要“认真听讲”时，我们有没有对某一事情保持足够的专注度？如果我们希望孩子能够热爱阅读，想想自己有没有手捧书籍不忍释卷的时候？要让孩子拥有属于他们的旅行，我们自己的旅行也必须是真的，而不是为了服务于他们的旅行而摆出的一个姿态。

是的，教育是一种唤醒。教育之途中不应该有那么多的越位，那么多的强迫，那么多的装模作样。所有孩子都会从沉睡中醒来，在他们半梦半醒的时候，我们其实不必那么着急上火，拼命地摇晃他们，甚至恨不能用一盆冷水去浇醒他们。他们有自己的旅行。我们所做的，只是轻轻地提醒。如果可能，就让他们自然醒吧。

我曾经历荒凉，也曾听那松涛

如果有人问我，这个世界上什么声音最能打动我，我会毫不犹豫地回答：松涛。

缘由其实也简单。不过是在童年里某个深秋的傍晚，跟着邻居家姐弟一起去捡松果时，一阵风吹过，满山坡摇曳的松林忽然发出一种低沉、澎湃、浩大的声音，似无数个声部的合唱，似千军万马发出的低吼，笼罩了天地……我当时呆立在那儿，竖耳聆听，整个人仿佛被阵阵松涛带到了一个无比辽阔高远的境界。

那时候我五六岁，第一次领略到了某种审美的震撼和感动。很多年以后我攻读美学博士学位时，老师讲解庄子“天籁”“地籁”“人籁”三者的分别，感叹前者是只能存在于想象中的，我却说我真的听到过天籁之音。

跟很多70后一样，我没有上过一天幼儿园，但却时时在天地之间领受着大自然慷慨赐予我的教育。

那时候的世界是这样的：春天田野上开满无尽延伸的紫云英。清朗天空里风筝晃晃悠悠却不会掉下来。小蚯蚓在软软泥土里伸着懒腰出发旅行。七星瓢虫无畏地爬上我的衣袖。燕子会一个俯冲又一个拉伸进行捕食。而小伙伴吹响了五月的麦哨。盛夏的蝉声点缀了整个无边无际的童年。在狂肆的想象中，村口幽深的井里爬出来一个湿淋淋的水鬼。从未涉足过的远方南山，那整片绿色中的小白点据说是神仙的家。秋天，山坡上的乌桕树的叶子变红了，红得纯粹而浪漫，是那种让人情不自禁更加热爱生活的红！冬天下雪了，篱笆边雪地里那一圈小小的孤独的脚印，是一个小男孩用脚创作的平生第一幅作品……

当然，不可避免地，我犯了跟许多人一样的错误，那就是不自觉地借助回忆和想象美化了自己的童年。在记忆的柔和的光晕里，当年生活的粗陋、贫瘠甚至蒙昧都退隐到了角落的暗处。

在那个几乎没有“学前教育”概念的野蛮生长的年代，我的生活场景和画面又是这样的：经常在河边和井沿转悠，没有失足落水算是侥幸；与小伙伴去山上捅马蜂窝，被野蜂追得口吐白沫；从几米高的沟坎跳下，差点摔断腿，至于膝盖，听母亲说是常年处于“结痂—流血—再结痂—再流血”的循环之中；对于小动物相当“残忍”，剪断蝉的翅膀看它在地上扑腾，用小便截断蚂蚁的归路看它们急得团团转；老是拖着鼻涕，满世界找糖纸；没有故事听，也没有像样的连环画看，更没有什么电视节目，唯一指望的是一年中屈指可数的露天电影，但放映的内容根本理解不了，向往的无非是那一份乱哄哄的热闹罢了……

后来，知道了动画片《铁臂阿童木》《聪明的一休》，从哪里知道的呢？从笔记本的塑料封皮上。也听到了歌曲《小螺号》《花仙子》，可惜这个时候我已经快上初中了。更可笑的是，第一次看《米老鼠和唐老鸭》，居然是在大学的宿舍里。

只能这么说，我们的童年既是幸运的，也是不幸的。幸运是因为条件匮乏，也因为父母管教无暇，我恰恰拥有了与生存大地亲昵的机会，能够如《童年的消逝》作者波兹曼说得像“野生植物”那般“有机”“自然”地成长。我们拥有比鲁迅先生小时候那个“百草园”更大的田野。不幸，是因为一个人5岁之前的黄金发展期，终究是在无知无觉的放任状态中度过了。我高度珍视“顺其自然”的价值，但无论如何，拥有众多选择的丰富，比根本没有选择的匮乏要好；贴合成长需求的多元智能发展，比近乎顽劣和蒙昧的野蛮生长要好。《三体》中有这么一句话：在每一个历史的断面上，你都能找到一大堆丢失的机遇。而在童年最初的人生断面上，如果缺乏必要的照拂，丢失的机会一定更多。

粗陋和荒芜不是朴素，朴素是繁盛过后的回归。没有理念引导也没有条件保障的“教育原生态”可能是无法忍受的，那种野性的诗意，唯有在过度教育、过度焦虑的背景下，才会呈现其矫枉过正的意义。

40 年，一个幼儿长成了中年。中年的心智让他懂得如何辩证地看待这 40 年教育迈出的具有历史意义的步伐。学前教育从无到有，从有到好，风景日新，气象万千，这多么值得欣喜！越来越多的幼儿教育工作者、越来越多的家长拥有先进的育人理念，施行科学的育人实践，幼儿园也越来越成为孩子自在、自主、自由生长的学园、笑园、乐园。

愿今天的孩子，不会为了背下文本里的月色，而丢失了眼睛里的满天星斗。

愿今天的孩子，也有机会听到真实松涛的天籁之音。

境遇篇：

穿越湍流区

他们内心有破洞，重要的东西正从那个洞中渐渐流失。

——[日]东野圭吾《解忧杂货店》

有时候不妨对考试脱敏

> 我是一名初二学生，从初一下学期开始，因为连续几次没考好，心理压力大，所以常常“头脑发涨”。自从这种现象出现后成绩一直没好过，而且对学习越来越恐惧。我原以为自己的抗挫能力没有那么差，可是如今一点小事就足以让我难过半天。现在的我完全不是以前那个乐观的我。我知道是心理问题，尝试过自我调节，可没有多大用。现在我一到学校就紧张，想起学习就难受。我该怎么办？

从来信中可知，其实是你自己找上了问题，而不是问题找上了你。也就是说，本来几次没考好是无关紧要的，不算什么问题，考好了心情舒畅，考不好心情郁闷，这是非常自然的情绪反应，只是因为你在内心里把事情的糟糕程度夸大了，所以问题也便像一个阴影缠上了你。你应该阻止让所谓的“心理问题”不断发酵，不让它成为一个心结甚至心魔。

成功的体验对一个人积累阳光自信的心态非常重要，但这个世界上没有哪个人不曾经历过挫败。成功的价值是因为有失败做底子才彰显出来的。挫败之所以折磨人，是因为我们缺乏直面挫败的勇气，我们容易把它当成一个伤口，小心翼翼地避开它，生怕刺激到它，结果它反倒变成了一个挥之不去的魔障，总是让你过敏。而你要做到的则是对考试脱敏。困难或问题有时候是个欺软怕硬的家伙，你越躲它，它就越是要使劲地折磨你欺负你。你不应该被问题追着跑，而是要选择直面甚至逼视问题，认真地分析原因：是不是自己不够努力？是不是学习方法有欠缺？是不是优势在卷面上没得到发挥？……不要动辄就从整体上怀疑自己，凭空增添不必要的压力。如果考试成绩还是不太理想，也不要着急，你不妨适当调低自我预期，这样每一点小小的进步都会令你欣喜，要知道任何人都需要学会自我安慰，否则人很容易把自己逼到死角。哪怕你觉得眼前乌云密布，也要试着去寻找云缝里的一丝亮光。

你现在当然很需要成功的体验来解渴，但是“成功”可不限于考个好成绩。我有个观点，就是评价一个学生（包括自我评价），应该是 20 年后甚至更久看成就，而绝不是两三年里甚至通过两三场考试看成绩。后者的格局太小了，你手里握着的丈量自己的尺子不妨大一点，再大一点。用更大的尺子来量，你能否保持对学习的兴趣，其意义比考试成绩的分数高低要重要百倍，真正认识到这一点，你对考试的焦虑程度才会降低，你在考试问题上才能脱敏。

渴求完美，但绝不苛求

我和别人有点不一样。有时我会很用功，但有时却不知道在干吗，老是浪费时间。我有时很乐观，有时又很悲观。我给自己定过目标，可总是实现不了，看过不少励志书，每次刚看完那会儿会努力一下，而不能一直坚持。我很想成为一名学习好，游戏也玩得好的“全才”。班上的一位同学，也是我的好朋友就是如此，他学习好像不是很用功，却总能考高分，我很羡慕（仅是羡慕，还没有嫉妒）。有时我很在乎别人的看法，也不知道为什么。初二时我学习很用功，成绩提高很快。现在初三，成绩不算特别好，却很想中考时拿高分。我总是急切地想做好一件事，可又不知该怎么努力，希望您能给我点建议！

飞飞

人的天性中有一部分是渴求完美的，这种渴求会成为自我发展的动力，这挺好，但如果因此而过于苛求自己，那就会变得痛苦不堪。动辄设定太多、太高的目标而又达不到，那还不如不设定，因为无法实现目标的后果除了失落之外，还会打击自己的心理积极性。不轻易赌咒发誓，更不随便撕毁跟自己的约定，踏踏实实地学习，为每一点进步而欣喜，这不是更好吗？

苛求完美的人很难对自己感到满意，结果便是羡慕别人，这其实是挺悲哀的。我居然不满于这个正宗原版、绝世无二、灵肉合一的“我”，这岂非一种莫名其妙的背叛？所以我一直主张人应该有一点自恋，学会健康地爱自己。

如果你不苛求完美，就不至于太患得患失。所谓的“全才”不是哪个人自己皱着眉头规划出来的。比如爱因斯坦从来没想过自己拉小提琴也一定要达到多高的水准——那只不过是他的兴趣爱好罢了，据说水平也一般。

而且我还感觉，你之所以在学习上不能坚持不懈地努力，也与苛求完美的心态有关。你其实一直显得比较浮躁。你学习的动力，部分来自目标的吸引——但那目标是游移的而且经常令你感觉遥不可及，所以有时候会感到“悲观”；部分来自同学间的竞争或别人的看法，但你想用一种看上去轻松潇洒、“玩儿”似的，顺带着还能把游戏修炼到一流的状态胜过同学，事实却难免让你沮丧……你却从来没有认识到，只有兴趣，才是一个人不断学习探索的最持久、最可靠的动力，别人想拦都拦不住。

先别想什么“全才”的事儿了，把那点虚荣心抛掉，才能轻装上阵。目前来说，焕发自己对学习本身的兴趣，比别的任何一切都重要。

知识不再“新”时才真正属于你

最近好多天都没见到阳光，而作业多得可怕。上周六一整天我都坐在书桌前。为了学习不分心，桌上原有的几本闲书也让妈妈拿走了。我发现每天不停重复做的作业题自己都会，所以很不想做，但因为是学校布置的作业又只能做，我越做越觉得无聊。最近成绩在慢慢退步，本以为都会的很基础的题考试时还是会出错。课本上的知识点，我都能列举出来，但遇到实际问题就不会运用。我应该只做学校布置的作业呢，还是另学些新的知识？

博凡

我在这里不打算批评使你陷身于题海中的人和做法，因为说句实话，这对改善你的境遇于事无补。在应试教育还相当有市场的大背景下，学生只不过是羔羊，而且还是沉默的羔羊。

对着羔羊说狼的坏话没多大意思，对吗？所以我只想从“技术”层面来给你建议，即在现实条件下怎样学习才能令自己至少在考试成绩上有所提高——成绩上去了，你的身心总不至于太累太苦闷。

我曾经也在题海里泡过，而且不谦虚地说，中学阶段我算得上是个考试高手。根据我的经验，许多课本上的知识我们哪怕已经很熟悉，都记得清清楚楚了，但倘若还没有在课本之外的地方实际运用过（如写作文时用过某词语、做习题时用过某公式、英语造句时用过某句型，等等），它们就还是生硬的，事实上那知识还没有真正被掌握。知识是需要咀嚼和消化的，做练习题就是一个咀嚼、反刍和消化的过程。你能列举知识点但不会实际运用，知识对你来说就还是身外之物，所以多做题目对你来说还是有益的。如果老师追求高效率，布置的题量少而精，题目设计得巧又妙，你不必怎么重复就能把知识消化，那当然好；如果所做题目基本是重复的，那么对你的锻炼价值就很低，你应该试着找一些面目不一样但调用的知识却差不多的题目来做。真正理解和掌握一个知识点，需要在不同的地方或从不同的角度“遭遇”它。你要通过做题目把新知识做“旧”了为止。你甚至要有被一些“乔装打扮”过的题目骗过的经验，才会加深对某知识点的印象，必要的时候它就会从你脑海中跳出来帮助你解题。只有这样，你才会有做题目的“题感”，无论遇到哪种类型的题目，心里都挺有底的。

总之，你需要的不是另学些新知识，而是要通过做各种练习（可能有的不在学校布置的范围内）把已学过的知识巩固好。当新知识不再“新”的时候，它才真正属于你。正如你说话不再想着语法时，你的语法知识才圆熟了。

保住一块兴趣的“自留地”

一天又一天，时光在流逝，我过得很充实，但有时太过忙碌，会觉得力不从心。每天我都要做很多的作业，等做完作业，天已经很晚了，人也累了，没法做别的事，只能去睡觉。不管怎样周密安排，我总觉得时间不够用。真恨不得不睡觉不吃饭，抽出点时间做自己喜欢的事，比如看电影、听音乐、读小说。我该如何和时间赛跑，劳逸结合，安排好一切呢？

叶楠

看到今天的中学生被“密不透风”的功课作业压得喘不过气来，我深感无奈。我已多次说过，人的成长是要有“余裕”的，哪怕留一点时间让人发发呆也好啊。

我不知道你们绝大多数同学都觉得做作业的时间不够用，还是只有你和少数同学这样。如果是前者，你们有必要向老师反映情况，“减负”虽难落实但毕竟是大势所趋，对于你们普遍性的诉求老师不该听而不闻。如果是后者，你怎么办呢？当然，最好是你们学校能够推行“分层作业”，能根据学生的实际情况布置难易有别、数量不等的作业，学生可自行选择。这是真正的“因材施教”。遗憾的是并非所有学校都这么做，而且此举竟然也会被舆论批评是在搞“歧视”。要知道平等不是一律、均等，不是让每个人吃一模一样的东西，而是让每个人吃得刚刚好，不吃撑了，也不饿乏了。鉴于分层作业这个事儿的主动权不在你，我也就不多说了，还是提点你能自我改善的建议吧。

你应该试着提高自己做作业的效率。怎么提高？一是做作业时保持一定的紧张感，让自己的大脑高速运转，逐渐养成在更少的时间里完成作业的习惯。二是不同的功课最好穿插起来做，当然也不宜把时间分割得太零碎。三是不要被难题长时间地“卡”住，真做不出来也不妨“留白”，有机会请教老师同学皆无不可，相信这点空白很快就会补回去。四是感觉头昏脑涨就呼吸会儿新鲜空气，听点儿音乐之类，有时候一味闷头做作业效果并不佳——这其实就是你所希望的“劳逸结合”。

现在很多学校都强调学习能力的培养，也就是说，学生不但要“学会”，更要“会学”。只想着“学会”，人就会被大量需要掌握的知识、需要做的作业淹没；如果学生“会学”，往往能收事半功倍之效。何谓“会学”？除了上面说的做作业要力求高效以外，在学习的环节也要注意方法。“授人以鱼不如授人以渔”说的就是这个意思，虽然此话主要针对教师，提醒他们要会教、善教，但学生自己如能用心去琢磨就更好了。比如，要学会区分略读与精读，有的内容不妨蜻蜓点水，有的则需要沉潜涵泳；要避免死记硬背，善于举一反三，不断在实际运用中盘活知识；要让自己的思维保持一种灵动开放的状态，知道自己哪里不懂就有了懂的可能，知道自己哪里不会就有了会的前提。学习不是机械地把知识装进脑袋，不是存量加增量，学习是一种有机的生长，一个人只要兴趣饱满、方法得当，其潜能就会获得激发，不断向新知识新能力的高点腾跃。

你现在过得忙碌，但是感觉很充实，这一点很值得高兴。我现在略微有点担心的倒是你的时间基本都被课业所占据，长此以往，你的充实感有可能会减弱，也就是说你学习的原动力不会再像现在这么充足了。一种过于单调、目标导向、固化的做作业的状态真的不利于身心成长，手段无限膨胀，人本身这个目的反倒被遗忘了似的。想来是有些滑稽，课业负担居然褫夺了生活的全部丰富性。如果你忙碌但并不充实，你需要考虑的恐怕就不再是如何“与时间赛跑”的事情，而是怎样让自己保持基本的兴趣的问题了。

对于学习，甚至对于人生，我的态度大体上与梁启超先生相似，即兴趣大于一切。但凡有兴趣，没有什么是不值得的；若无兴趣，诸事皆成苦役。中小学阶段一些学科的分数，在老师、家长乃至学生自己的眼里好像特别重要，其实是没什么意义的。但是身体好不好，体育牛不牛，动手能力强不强，乐器会不会，审美水平高不高……这些才是真正重要的东西，而且其价值会随着生命在时间里的展开而更加得到彰显。若干年后，谁会拿自己某门课在测验中考了高分来吹牛？但一定会以自己在某次运动会上获得名次、在乐器演奏或音乐欣赏方面有修养而骄傲。所以某些有见识的校长会提出应倒置课程的重要性。从这个角度来看，像你们这样被功课压弯了腰，没有时间看电影读小说听音乐，没有余闲去发展自己的兴趣，没有机会去丰富自己的体验，冤不冤，亏不亏？

你看得出来，我在回答你的问题时表现得有些混乱。因为我的内心实在有些纠结。我希望能在技术层面给你一点切实可行的具体建议，但在理念层面我对于这种人被作业牵着鼻子走的状态又很不以为然；从现实层面来说你要“跟时间赛跑”的念头值得鼓励，从理想层面我却暗暗盼望人们能凝聚起这样的共识：这个阶段应该是在玩中学、学中玩的，别让作业的枝叶藤蔓抢夺了一个人健康而有个性生长所需要的阳光和养分。

只能是这样，希望你能通过提高作业效率而给自己腾一点时间做喜欢做的事。做自己感兴趣的事，本身就是对生命的调剂和滋养，忙碌之余看看电影听听音乐，其实也是一种放松休息。别想着天上会掉下来整块的时间，零零碎碎、边边角角处都有美的身影，走走停停、说说笑笑时都有玩的契机，要知道兴趣是“给一点阳光就灿烂”的。总之，无论我们身处的环境是多么逼仄，人都要努力拓展自己体验的宽广度，境遇越是无趣，越需要保留那么一小块兴趣的“自留地”。

有一位朋友名叫兴趣

我是女生。我很真诚地对待班里的每位同学，却总找不到真正的朋友，和每个人的关系都一般。

我曾尝试主动接近某些女生，但她们只是对我笑笑，表面应付一下，过后就不再来找我。在遇到麻烦时没人来帮助我。有一次我去求助自认为的好朋友，结果她竟抛下我去找别人玩，根本不理我。身边的女生都很泼辣，只要她们在场胆小的我很多时候就不敢吭声。

班里其他人都早已有了好朋友，他们分成一个个的组，下课或活动时聚在一起，唯独我像棵墙头草，不知该和谁在一起。

我知道自己既敏感又胆小，简单的友谊会被我想得很复杂，也许正因为这样，如今我才这么孤独。

我很渴望交到善良的好朋友，拥有真正的友谊。请帮帮我吧！

小漫

我主张人们在交朋友时可以表现得主动一点，但我又深知真正的朋友其实是可遇而不可求的。好朋友关系的建立必定是一个双方互相趋近的过程，大家通过一些观察和交谈发现可以聊到一起、玩到一起，就自然而然地会凑一块儿。我不觉得你暂时还没有与特定的同学建立起相对更亲密的关系是多大的问题，我倒觉得你因此而体验到的焦虑以及试图改变这种状况的迫切感，似乎有点过头了，或者说是你自己的“敏感”把问题放大了。因为有一种焦急的、目的性过强的甚至有点“生扑”的心态，你在与其他女生交流时就会表现得不太自然——而互动中的情况往往如此，如果你紧张，对方也会变得窘迫，如果你显得不自然，对方一定也会变得尴尬，结果就是能躲就躲，一见就闪，所以才会造成有的人越想交朋友，却越交不上朋友的现象。

你所寻求的朋友来自身边的同学，你们原本就不是陌生人，共同置身于一个班级小环境里，自我表现的机会、互相接触的机会、近距离观察感受他人的机会多得很，其实用不着太急切、太刻意地去想往谁的身边凑这个事儿。“做自己就好”，这句话听起来有些俗套，但细琢磨还是有道理的。做自己，意味着你认可自己是一个独立的人，你的自我价值感不依附于他人，你学习，你生活，你在群体中呈现一个真实的自我，对于与他人的交往抱一种真诚的同时也是顺其自然的态度。

说实话，初中生的主要精力是学习，加上阅历尚浅，是不大可能有心灵高度契合的那种“朋友”的，据你的描述，你缺少的其实也是一起玩的伙伴。与其说你在为没有朋友而着急，不如说你害怕不被班上的几个小群体接纳，没有与特定的同学建立起较亲密的伙伴关系。你缺少一种群体归属感，因此感到孤独。我前面也提到过了，学生时代的朋友或伙伴，之所以互相趋近，是因为有共同的话题可聊，有共同的项目可玩，有比较接近的趣味，有大体一致的追求。所以我建议你好好培育并拓展自己的兴趣，积极参与班级或学校的各项活动，在群体中展现自己的责任心和多种能力。一个有着美好“自我”的人，更容易赢得朋友。所以，如果你暂时没有朋友，那就先把兴趣当成好朋友吧。

这点自卑是上帝送给人类的礼物

我是个胆小、不太会说话的女孩，也因为这样，尽管我的成绩在班里名列前茅，却得不到老师们的重视，朋友们也离我越来越疏远。一位我最尊敬的老师曾说我将来走上社会会有难度，最好的朋友也说我除了学习一无是处。我好想改变，我该怎么办？

歆美飞鱼

我在一篇文章《优等生的自卑》中写到过自己的中学经历，虽然当年成绩在班里基本上稳居头名，但是我也同样经受过内心里那种卑微感的折磨。因为与许多各擅胜场的同学比起来，我总觉得自己其实是个平庸而乏味的人，一点潇洒劲儿也没有，差不多就是“除了学习一无是处”。可后来有个被我羡慕的同学却告诉我他才自卑呢，他当年宁愿与我换一种状态，而他不跟我说话是因为我不跟他说话。

人的自卑感，源自一颗太渴求甚至苛求完美的心。胆小、不太会说话，严格说起来也不算什么缺点，只是一种个人特质，但是追求完美的你却夸大了它负面的价值，也不自觉地夸大了他人评价的严重性，如感觉得不到老师的重视，朋友越来越疏远你，等等。事实上，适度的“自卑”比过于膨胀的“自信”要好。一方面，带点自卑感的人往往在工作学习等方面更努力，更希望通过创造成就获得补偿，这就是心理学家阿德勒所说的“自卑与超越”；另一方面也许是更重要的，即适度的自卑感其实也是一种下意识保护自己的心理意向，就像适度的紧张感能够调动一个人的生命活力，而疼痛感事实上在保护着人类身体的健康一样。

我一直不主张那种非得要让每个人都挥着小拳头喊“我最棒”“我最牛”

的教育。当然，如果因为胆小、内向、不太会说话、不敢主动打电话等特质而使得自己在与他人交往时有了障碍，那是有必要加以调适的。不过，既然自卑也有自我保护的一面，那就没有必要过于激烈地试图改变自己，否则失去保护的你反而有可能被置于极度尴尬和挫败的中心。这就像是硬把一个从来不敢当众跳舞的人推到舞台上，别人以为是在鼓励他自信敢于秀自己，他本人则会把自己判定为彻头彻尾的小丑，如此反而会加剧他的自卑感。在尝试变得胆子大一点、会说话一点的时候，要慢慢地来，要慢慢地寻找心理上的支撑点。这个支撑点在哪儿？就在于这么一个认知：没有一点自卑感的人，在这个世界上几乎是不存在的，除非他是个超级狂人，或者疯子。这就像正常人都有疼痛感，没有疼痛感的是麻风病人一样。没有痛感，麻风病人会怎么做呢？自残其身而浑然不觉。

至于你尊敬的老师说你将来走上社会有难度，我觉得这样的预言未免失之草率。这个社会并不需要所有人都成为勇于向每个陌生人开口、敢于敲开每一扇门的推销员。而且，请记住，如果你想到有一点点自卑是上帝送给全体人类的礼物，你也许就不会那么自卑了。

你们其实分享着同样的荣辱与悲欢

我是一个刚刚迈入中学的初一学生，最近，我发现班里有一种现象。那些成绩优异，出类拔萃的所谓“优生”喜欢下课聚在一起，放肆地笑，看一些不适合我们这个年龄孩子读的书。上课时他们很认真地做笔记，非常流畅而精彩地回答老师提出的问题，考试也能拿高分。但我总觉得他们身上似乎缺少了一点什么。我总感觉他们很冷漠，有点高傲，不爱搭理成绩不太好的同学，脸上流露出来的神色让我感到心寒。

相反，那些成绩不太好，平日里不太起眼的同学，在关键时刻是那样热情，有一颗乐于助人的心，虽然他们成绩不好、贪玩，经常受到老师的批评，但是他们的那种乐观、积极、向上，青春热情的释放，让我感到阳光似的温暖。

为什么会这样？

思思

我不知道你是属于“放肆而冷漠的‘优生’”还是“热情又乐观的‘无名生’”（姑且这么称呼吧），也许是介于二者之间吧。我觉得你对同学之间的差异和隔阂，敏感度是偏高了一点。所谓的“优生”与“无名生”在各方面表现会不一样，互相之间也多少有点疏离，但不会到这么泾渭分明的地步。

当然，在一个彼此都还有点陌生的新环境里，人们习惯于去接近与自己更有共性的同伴，融入一个互有认同感的群体之中。这是一种心理上的群体归属感的需要。你眼里的“优生”喜欢聚在一起，这没什么大不了的，人们在刚认识的时候总是想通过更显眼更易识别的标志寻找同伴，譬如个子啦，衣着啦，分数啦，说话的方式啦，喜欢看的书的类型啦……值得注意的是，令人产生归属感的群体并不是一成不变的，比如在你眼里似乎有点对峙的两个群体，在共同面临与其他班级竞争的局面时，就会毫无疑问地融合成一个团队，平时不说话的人会一起击掌，往常显得冷漠骄傲的人会与你用同一个节奏呐喊，因为这个时候你们归属的群体是整个班级，你们分享着同一份荣辱，同一份悲欢。以此类推，为了捍卫学校的荣誉，你们与隔壁班级、其他年级的同学又会融合成一个更大的群体。

我们经常挂在嘴边的“超越”，其实就是个人突破和消除边界，从自我到小群体到大群体再到整个国家乃至全人类，它们的边界不断模糊，人的胸怀越来越大，不会再囿于那些圈住心灵自由的小小樊篱。

“优生”冷漠高傲得令你“心寒”，这样的感觉恐怕是被不恰当地强化了。因为他还局限在自己那一个小群体中，还没有产生与整个班级成员同呼吸共命运的意念，他的冷傲有相当一部分是故意秀出来的，他把这样的表情设定为自己“有所归属”的标签，这也就是“装酷”。而平时不太起眼的学生，由于不像“优生”那样有那么显眼那么容易识别和产生认同感的标志，所以更愿意用热情来融化人与人之间的边界，从而建立起一个属于自己的共同体。相比而言，他们的心态更积极，更渴望去亲近别人，也更愿意接纳别人。

人与人之间的隔膜和疏远，不在成绩好坏，不在身份有别，不在性格差异。真正的壁垒在心灵之间。要打破壁垒，首先要有一颗真诚待人、融入团队的心。

“自我悲情化” 的天地很小

我家在农村，上中学2年了，可我连一个朋友都没有，经常受一些同学的欺负。大多数时候同学们都离我远远的，甚至连老师也讨厌我。我有时甚至想去死，怎么办？

小辉

你所描述的糟糕境遇令我同情，而你选择的决绝的语气则令我担心。

我不太能确定你的描述是不是失真的，因为所谓的“现实”在很大程度上是一个人的心理建构出来的，换一个视角来看，常常是扭曲变形的。比如说，倘若你心里已经认定同学和老师都不够友善，那么你就只会选择性地接受并且放大那些令你不愉快的事情，却完全忽视了同学和老师释放出的善意的信息，即便善意也容易被解读成恶意。所以我觉得对你来说，重要的可能是首先反思一下自己，有没有存在误读自身境遇的心理机制？你不妨把“我”稍微客观化一下，就像打量一个陌生人一样审视一下自己的形象，这种“镜像化”的反观也许能让你摆脱噩梦般的自我暗示，你可以列出自己的优缺点，然后告诉自己你绝没有到所有人都讨厌你的地步。像你这个年龄段的敏感的孩子，在自尊和自信尚未建立起来时，对新的环境适应不良，遇到一些障碍和挫折，很容易“自我悲情化”。在这种悲情化的心理趋向中，如果说一个诗人悲愤问天的吟唱可以令后人唏嘘千载获得审美感动，一个农妇的“我的命怎么这么苦”的叹息至少可以令她本人得到些许存在的安慰，青春期的自我悲情化则只会让自我萎缩，说得不客气一点，就是自甘成为弱者。

我绝对不相信你有那么讨人厌，我也不相信学校里会有那么赤裸裸的歧视。你有的只是自我厌恶。你不够尊重你自己，而且遵循着某种单一、机械、线性的思维方式。比如说，在信的开端你就提到“我家在农村”，显然在你的潜意识里认为这个条件造成了你适应新环境、融入新群体的阻力，这种决定论的因果逻辑把你引向了误区，因为“家在农村”是一个你无法改变也不需要你来承担责任的事实，所以如果你把自己的受挫归咎于此，你就不会认为自己为了适应新的环境、为了在群体中得到认同，还需要付出什么努力，你就沉浸在“悲情”中自怨自艾，其实恰恰是这一点制约了你很好地去发展自己，包括与同学的自由交往。家在农村的孩子成千上万，凭什么他们就没有朋友，就受人欺负，就招人讨厌？在群体生活中，一个人的尊重不完全是被给予的，更多是靠自己赢来的，或者说是在良性的互动中生成的。给别人以善意，对别人的善意也予以积极回应，这种心与心之间的频频致意，令别人愉悦也令自己舒适。如果你不吝于自己的笑脸和掌声，有一天你会发现，同学和老师也会把笑脸和掌声奉献给你，从而极大地提升你的自我价值感，让你体验到团队生活的无限乐趣。

哪怕声音颤抖，也请勇敢表达

我是一名初二学生，在班里担任班长。班上一位女生一只脚先天残疾，而有五六位男生总是在自修课上叫她“瘸子”，并且此起彼伏，不断嘲笑她，这时她会在角落里埋下头。其中一位男生说，如果有谁把这件事告诉老师，他就找高年级的人来揍他。我看到此番情形，恨得牙痒痒，真想拍案而起，可又不够勇敢，想“明哲保身”，不惹出事端，所以就只在座位上默默地写作业。我私下找那位女生聊过，安慰她，让她不要自卑，幸好那位女生性格开朗，对事情比较看得开。但我还是觉得那几个男生太没人性，不能再让他们猖狂下去！这样伤害别人，难道他们不觉得羞耻吗？我真不想让他们再这样伤害那位女生。

您能帮我想个办法来改变这一切吗？

金星

尽管我确信那五六位男生并非“太没人性”的人，他们肆意攻击别人的举动，更多的是出于少年心中尚未得到有效教化的顽劣天性的发作，但我还是要表达与你一样的义愤：在这个世界上，抓住他人生理上的缺陷加以轻侮的行为，是很难原谅的。

一向对青年学生秉持着宽容和爱护之心的鲁迅，当年因为有学生写了篇讥刺盲诗人的文章《不敢盲从》，于愤怒中写下了“我敢将唾沫吐在……少年的脸上”这样的句子。一个人有着生理上的缺陷，完全是无辜的，因为残缺他（她）自身本就承受着超过旁人的不便和不幸，却还要额外受到同学的轻薄嘲笑，这真叫人情何以堪？

受到残疾作家史铁生思想的启发，我多次写过：人所不能，即是欠缺，缺陷乃是存在的真相，人要学会悦纳不完美的自己，接纳不完美的别人。如果那几个男生能明白这个道理，就不会去嘲笑一位身有残疾的女生。这种嘲笑恰恰是心有残疾的表现。

我不是编剧，设计不出一个特别戏剧化的情节让他们幡然悔悟。但我愿意体贴你的处境去面对你的选择难题。我理解你的犹豫，在挺身而出与明哲保身之间，惯性、惰性以及人性中一些计较的因素会牵引我们“滑”向后者。但身为班长的你为自己的“不选择”而感到了一种压力（萨特说，不选择也是一种选择），这种压力令你痛苦，也许比你因为“得罪”了他们而可能带来的一些麻烦还要痛苦。所以我觉得，你应该担当起一名班长的责任。

挺身而出，并不意味着态度激烈地拍案而起。你先把自己要说的一番话想清楚，然后站起身，直视他们的眼睛，控制好自己的语速，用尽量礼貌、冷静和节制的话语告诉他们，为什么要尊重每一个人，才可能得到别人的尊重……千万不要太冲动，冲动会让你语无伦次，甚至说出让自己后悔的话，过于激烈的语言也容易激起对方的敌意，从而把你们双方都拖入一场毫无理性也毫无意义的争吵。也许你的声音还是会发颤，也许你感到心脏在急剧地跳动，没关系，你需要的只是控制好情绪，迈出第一步。相信班上原本“沉默的大多数”很快就会来声援你——退一万步，即便他们还是保持沉默，也没什么，因为你正在尝试做一个内心强大的人，而那些嘲讽残疾女生的同学，他们并不像他们所表现出来的那样强大。他们只有当几个人凑在一起时、在攻击弱势同学时、在冒犯什么东西时，才能体会到一丝虚假的力量感，扬言将如何如何的人，更是在用这种方式来掩盖自己的虚弱。你需要做的，就是把想说的话说出来让他们听到，语言平和，但态度坚决。无论如何，从未接受过如此“正告”的他们，内心会有所触动，可能已有愧悔，表面上的张牙舞爪，只是为了保住面子虚张声势而已。

你的目的不是把他们的气焰压下去，因为你们是同学不是敌人。说话不要赶尽杀绝，不要说太极端、贬低他们自尊的评价性话语，你甚至可以把

“话说回来”，认为他们的嘲讽并无恶意，只是觉得好玩，却不小心把自己的有趣建立在了别人的痛苦之上，于是这种“好玩”和“有趣”也就变成了“不好玩”和“坏趣味”。

当然，你还需要做好一个心理上的准备，那就是他们可能转而对你阴阳怪气。这个时候请你一定要保持淡定的心境。如果你觉得自己承受不住这样的压力，那么也可以避免与他们“短兵相接”，而选择向班主任建议召开一次主题班会。至于什么主题，当然是有关人与人之间的尊重和平等。那几位嘲笑残疾女生的同学，在读了海伦·凯勒《假如给我三天光明》、史铁生《我与地坛》这些作品后，也许还会流下感动的泪水。

从改变你的身体语言做起

有同学没经过我同意，趁我不在教室就从我的书包里拿走我的东西，其实我知道是哪个同学拿的，但不敢去要回来。

下课或午休时，我会看书或做作业，这时往往会有同学过来拍我桌子或者大叫我的名字，所以每次下课我都特紧张，怕他们不知什么时候又来吓我。一般中午12点之前，我都不敢进教室，如果我进教室，八成会有同学来找麻烦。

再就是班上有位同学，常常是我没招惹他，他就莫名其妙给我一巴掌，这种情况已经发生过很多次了。

在学校我每天都忧心忡忡、提心吊胆，我该怎么做才能不受欺负？

阿慧

通过你来信的表述，我可以大致推断你是一个比较乖、比较听话的孩子。而在初中生群体中，一个比较乖、比较听话的孩子似乎反而容易被同伴“欺负”。对这种现象的一种解释是：孩子们心里潜伏着对于以家长、老师为代表的成人世界的一些对抗性情绪，但他们不敢直接挑战显然更为强大的家长、老师，于是就通过欺负那些特别顺从、依附成人的同伴表露和缓释自己的不满。他们对传递老师意志的班干部也怀有类似心理，偶尔捣蛋，但终究颇多忌惮。一个性格相对软弱的乖学生就容易成为调皮孩子即便表现出攻击性也不会受到什么惩罚的“受气包”“小可怜”。

小男孩为什么喜欢往水里扔石子？因为他们想看到被石子激起的波纹。那荡起的波纹就是哲学家说的“自我本质力量的对象化”。当他们欺负别人，看到别人脸上浮现出委屈、害怕的表情时，听到女生发出的尖叫、看到女生流下的眼泪时，他们能体会、反观到一种颇为享受的力量感，这种力量感当然是虚幻的，也是幼稚的。不是说这些喜欢欺负人的同学秉性有多恶劣，他们只是还找不到确证自己真实力量的适当的方式。

你总是受到同学欺负，怎么办？我们先不忙着谴责他人，心理学强调的都是反求诸己，检视自我，从自己身上找原因。“为什么受伤的总是我？”因为在同学欺负你时，你的表现恰好满足了他们那种想见证自身力量的心理。你越是显得紧张惶恐，越是提心吊胆，他们就越是想来刺激一下你，吓你一跳，拍你一掌，然后哈哈大笑。所以你需要做的，首先是改变自己的身体语言——走路时要抬头挺胸，步态坚定，不要低眉耷眼显得怯生生的样子，不要贴着墙根走希望自己像个影子逃离别人的注意；眼神要敢于正面迎向别人，不要躲躲闪闪，还没触碰就转弯落到了地上，如果你觉得有压力，不妨盯着对方的鼻尖；说话时声音尽量清晰响亮，一句话一旦起了头就坚持说完最后一个字，不说半句话，更不嗫嚅着闭上嘴巴。当然，还有比较重要的是，你尽量多参加班级的各项活动，学会与同学合作，让别人感觉到你的自信、阳光、尊严、力量，从而在群体中建立起一种平等和谐的相处模式。

我不认为“以牙还牙”式的对抗性思维有助于你的处境改善，因为一次情绪激烈的发作可能进一步恶化你与同学的关系，尤其重要的是，你本人在脾气爆发以后的心情会更低落，更容易把自己封闭起来。你真的需要从改变自己的身姿、表情、眼神等方面做起，当调皮同学发现从你身上得不到任何所谓“成就感”的时候，他们欺负你的冲动就会消失得无影无踪。

别害怕想象中的失败

我是个性格内向的女孩，每当课上老师的提问自己能够回答时就很想举手，但又会担心答错，在同学面前出丑，或被老师批评，最终还是没有勇气举手。等老师宣布正确答案时，发现与自己所想的相同，又会后悔当初没举手。怎样才能让自己变得大胆、勇敢一点呢？请给我指点迷津。

含羞草

因为害怕出丑、害怕失败而不敢举手、不敢发言的经历，很多人都曾有过。不仅仅孩子，不少成人也会怯于当众表达自己的意见。躲在沉默的人堆里总会令自己感到安全一点。中国传统中过于在乎别人看法想法的耻感文化和抹杀个性的处世哲学，成长过程中父母对孩子自我表现的举动屡屡作出负面评价的教育习惯，都容易消磨掉一个人积极尝试的勇气。这种“不敢”并非因为行动本身有多难，而是害怕承担行动带来的可能的后果：别人的讥笑、议论、批评，等等。一句话，就是害怕丢脸出丑，害怕想象中的失败。

但是，回答错了一个问题，或者发言时语无伦次，怎么能算是“失败”呢？尤其是对于一个学习者来说，从来都不答错问题、从来都思维正确言语流畅，岂非太荒唐了吗？我甚至认为从不答错题、从未在发言时结结巴巴的学生其实并没有真正经历一个有效的学习过程。你其实是很渴望获得老师和同学的认可的，所以才会在内心挣扎于是否举手回答，你只是害怕“答错”。你在发现自己没有机会说出的答案是正确时会有悔意泛起，但我很想问：如果你没说出口的答案是错的，你就不后悔了吗？也许你不会后悔，反而庆幸自己没举手。倘如此，你还是不太能变得大胆、勇敢，因为在你的心目中，对错不是第一位的，也就是说，老师和同学如何看待你的回答、你是否会出丑丢脸这种念头的分量，完全压倒了你是否参与到师生互动之中、能否克服自己胆怯心理摆脱学习被动性这种考虑的分量，顾虑重重之下，那只手是很难举起来的。

一般来说，一个人不会后悔自己做了什么，只会后悔自己什么也没做。“做了什么”意味着你总能收获一份重要的体验，无论其结果是什么。在学习生涯中这一点体现得尤其明显，每一位学习者都应该把自己看成从不缺席的主角，而不能满足于做一个“在路边鼓掌的人”。参与互动，酬答还往，举手发言，通过这样的方式你不仅能很好地掌握知识，更重要的是你必定能获得一种快乐体验、成功体验。只要你举手了，发言了，积蓄在胸中的心理能量就会越过开放的闸门一路欢畅地奔流，压力和紧张感都随之缓解了，内心的挣扎和纠结当然也烟消云散了。哪怕你的回答是错误的，哪怕你回答时的状态是有些别扭的，都没关系，因为你已经“做了什么”，不会再闷闷不乐、自怨自艾了。所以请你一定记住：真正的挫败感其实是来自“什么也没做”。

只要有了第一次勇敢地举手发言，你就不会再为这个问题而烦恼了。我希望你一开始别自己吓唬自己，别把老师想得太严苛，也别把同学想得太刻薄。老师总是欢迎主动提问和积极答题的学生，同学的注意力也不是总聚集在你身上的，你大可不必“自作多情”。当然，每个刚开始鼓起勇气举手答题的人心理都会稍微脆弱一点，你可以先尝试在某位态度温和的老师的课堂上，面对自己有十足把握的问题，高举起你的手。

人生的孤岛上没有成功

我有一个室友，我们很亲密，经常会互相借东西。我有参加学校里的奥数班，她没有。可她喜欢数学，就会跟我借卷子。每次借给她的时候，我都是不情愿的。人总是有点私心的嘛，怕她学得比我好之类的……讨厌这样的自己，很自私，可总忍不住这样……

别太苛责自己，自私可以说是人性本身的一部分，有时候它与道德无关。有本名为《自私的基因》的书还从生物学角度来阐释人的“自私有理”。

像你这种情况，心里有点不情愿是可以理解的，毕竟朋友之间有合作也有竞争。但是我希望你能把这点“不情愿”从心中涤除，毕竟它带给你的是一种不愉快的情感体验。你可以想，你借卷子给朋友，朋友可能会受益，但你自己却没有受损。哪怕她学得比你好，你自己的绝对成绩事实上并没有降低一分。她因为得到你的帮助而提升了数学成绩，你作为朋友应该也能从中分享到快乐。你们互帮互助，达到的是双赢的效果。

我记得有位优秀的班主任举过一个例了，颇耐人寻味。班上有两位学生发生了矛盾，一时无法劝和。她把两位学生带到一条窄道上，说：“一个要过来，一个要过去，怎么办?”路实在太窄，大家侧身仍无法通行。一筹莫展中她想出的办法是：一位学生抱起另外一位学生，小心地转身，双方都成功通行。她说：“狭路相逢时，拥抱就是最好的办法。”

如果你能这样看待自己与朋友的关系，那么，借卷子给她时的“不情愿”就会涣然冰释。因为，从某种意义上说，帮助她也便是帮助自己。在人生的孤岛上没有成功，不是吗?

让淡淡的“喜欢”成为内心的“欢喜”

我最近竟然发现自己喜欢上了学弟。他是一个很活泼的男生，羽毛球打得很棒，成绩也很好。

今年开学的时候我才听说他的大名，同学们都说他很帅！我和他认识不久，不知道为什么就老想着他。我对他的喜欢越来越浓，明明知道他不可能喜欢自己，而且知道我现在的年纪是绝对不可以恋爱的……可是我真的绕不开……帮帮我吧！我真的不知道该怎么办啊！

湖州若凝

你喜欢上了学弟，这没什么不正常的。谁让你们正处在青春年少的时节呢？谁让他各方面都那么优秀呢？我估计你们学校里喜欢他的女生有不少呢！而且情况大概跟你的也差不太多，都是在心里暗暗地喜欢。

我曾经在一篇文章里写到过：“人的一生中会有一个奇怪的阶段，忽然对异性产生了莫名其妙的感觉。意识到身边某一个人的存在，想要看到，想要引起注意，却又刻意陷匿自己真实的内心。酸涩里带着甜蜜，从所谓的小秘密中可以咂摸出百般滋味。无数的形容词开始活跃起来，丰沛的感情汩汩而出。少年不识愁滋味，为赋新词强说愁。心情暗潮涌动，悲伤逆流成河。觉得自己卑微，同时却又生出无限的骄傲，就像一个孩子往水里扔石块，看到那荡起的层层涟漪而觉得快乐……”

这样的情愫是不容轻薄的。但我认为有必要加以提醒，中学生最好就让心情停留在这个阶段吧，不要放任自己的喜欢“越来越浓”，尤其不宜让它发酵到恋爱的地步。我不想摆出一副说教的面孔说什么影响学习之类的话，而是相信“过犹不及”的道理，内心里的那种喜欢一旦过了头，随之而来的就是连绵不断的不快乐，也许就连最初的美好也消失殆尽了。你说“绕不开”，说实话我不相信。《诗经》里说“女之耽兮，不可说（脱）也”，那是因为情到深处难以自拔，你们的感情事实上还若有若无若即若离，并没有开始有所纠缠，应该不至于到解脱不开的地步吧。人长到一定的年纪，应该慢慢学会控制自己的思绪，而不是被意识流带着走。比如，我觉得你至少可以从这个角度让自己从“苦情”中突围：迄今为止，你是不是感觉自己在他的面前显得太弱势太卑微？那好，你不妨先让自己变得优秀起来，无论是学业方面还是“情商”方面都可以——要知道学会控制自己的情绪就是一种极高的情商。

就让那淡淡的“喜欢”成为你内心里平静流淌的“欢喜”吧。

树不必对风生气

我是初一女生，且是班长，身为班长总希望自己各方面都比别人强，觉得这样才有面子。可我们班那些无聊的男生女生整天传我和小 B 的绯闻。我并不喜欢小 B，可小 B 却好像对我有意思，一下课就过来和我说话，这可能就是同学误解的原因。

特别过分的是，有一次，一个男生把小 B 舔过的东西放在我嘴上，说什么我和小 B“接吻”，我当时真的很气愤，为什么他们这么无聊啊？

我多想一个人在下课时安安静静地看书，可男生们打打闹闹总是打扰到我，我多次避开，他们照样过来。真的很讨厌！

你可能认为我很爱埋怨吧。但我是多么想澄清自己和小 B 的关系啊！

我该怎么办？

安琪

男生在这个年纪时经常是这样的，当他们觉得班上某位女生很出色，“各方面都比别人强”，就特别爱编排有关她的故事，甚至做一些针对她的恶作剧，一方面是借此把她拉下高高在上的“神坛”，从而在潜意识里产生“她跟我们一样”的感觉；另一方面，有些同学对你做无聊的举动，表面上看是带有故意冒犯甚至亵渎的意味的，但从心理学的角度看则是他们希望通过自己过分的、夸张的自我表现来引起你的注意，要知道无论你的反应是什么，愤怒也好，羞涩也罢，在他们的感觉中你都是注意到他们了，他们多少能获得一丝隐秘的满足感。从某种意义上说，他们也许还暗暗地喜欢你。之所以虚构出一个小 B 与你的“绯闻”，是因为他们把自己不想说、不敢说也说不清楚的那种愿望，投射到了这个创造的角色上面，虽然他们打死也不会承认这一点——不过小 B 本人可能是个例外，我猜测他在这个过程中是满足了几分虚荣心的。他们总是嘻嘻哈哈、打打闹闹地来打扰你，原始动机就在这里。

如果你明白了这一点，我相信你就不会因为被传绯闻、被打扰而表现得太气愤。你可以用一种洞察其中玄机的心态，更为淡定地面对一切。你就把这些无聊的干扰当成好玩的事情好了，当然，前提是他们无论怎么闹也不能太过分。与小 B 的关系也没有必要特意去澄清，树欲静而风不止，你见过哪棵树对着风无谓生气的呢？树只想着做好自己、让自己更加根深叶茂罢了。

都说树大招风，木秀于林风必摧之，好像风的肆虐责任在树长得太高大似的；人们又爱说招蜂引蝶这样的贬损之词，好像花开得好也是罪过似的。对于这些，真不必太介意。但这里我也想提一个小小的建议，那就是你虽然身为班长，但也不必自视太高，谁说班长的各方面都要比别人强呢？倘有这种想法，你很容易产生自以为高人一等、拒人于千里之外的“端着”的感觉，而那些别人也就是同学，他们的感觉其实是敏锐的，于是就会想玩些花样来贬低你。你需要多想想身为班长该如何帮助和服务同学，加强自己与同学相处时的亲和力，把自己的姿态放低一点，有时候甚至不妨自嘲一下，这样其实还可以抖落掉积聚在你身上的多余压力。

独立性是一种精神的品质

我已经初三，正面临着中考的压力。最近我遇到很多问题。一是我暗恋一个同班的男生大概有两年了，现在他好像要被分到另一个班去，我不想他离开！二是我很难拒绝别人的请求，不管哪个同学让我去做什么我都会去做，所以就有男生说我是保姆，好伤自尊呀！但如果不去做我又怕那些同学会不跟我好。三是我有一个朋友，经常会闹情绪，有时明明不是我的错，她却让我认错。有时我只做错一件很小的事，她会把它无限放大。我不想跟她做朋友了，但又想都快毕业了，忍一下吧！我快被这些事烦死了，学习成绩一落千丈，我可是要考重点高中的，怎么办呀？

苦恼的小萝卜

初看来信，我挺同情你的，一个好人总被烂事缠身，真是冤枉透顶。可仔细一琢磨，发现问题大概主要还是出在你自己身上。我觉得你似乎缺乏一个人必要的独立性，你不像是一棵昂然自立的树，而像一根缠绕着树生长的藤萝。也就是说，你的所有问题是因为你太过于依赖别人而产生的。

一个暗恋的男生转到另一个班级就令你抓狂了吗？“我不想他离开！”这样的口气挺像一个依恋着父母的儿童。因为你的自我不够独立，太依赖别人，别人也就自然而然地会“低看”你一些，这几乎成为一个共生的模式，其后果就是你的自我越来越弱，而别人则会显得越来越强，他们会不断地支使你去做各种事情，因为他们认为这也是你自身的一种需要。我是一直主张人要多替别人着想的，但这并不意味着你有义务去取悦别人。总试图取悦别人的深层心理动因就是寻求依赖。你与那个朋友的共生模式也一样，她的本性未必有那么不可理喻，恐怕是你对她的依赖性在不断地刺激她，令她的自我在不知不觉中膨胀了。无限放大你的错，逼着你认错，对她而言是无法自抑的情绪发作。这种状态不但令人心烦，对她本人其实也是一种伤害。

苦恼的小萝卜，请先学着做一个独立的人。独立不意味着不与别人来往，而是在心理层面上做到不依赖别人。独立是一种精神的品质，它可以赋予你平等，赋予你尊严。朋友之间的确有依恋和陪伴的需要，但你不是为了别人的需要而活的。你有时候可以一个人安静地待着，面对自我的真实需要。你有时候可以拒绝别人的要求，因为你也有自己的追求。只要你不总是在心理上指望着别人，依赖着别人，你也就不会被那些烦恼缠上了。

给父母写信说出心中的苦

爸爸妈妈总是喜欢把我的成绩跟别人的比。三阿姨的女儿翩翩经常考年级第一、第二，又是班长，她是我爸爸妈妈经常夸奖的一个人。从小学到中学，每次考试都得和她比，我已很努力了，但总是比不过她。爸妈就对我冷嘲热讽，翩翩的妈妈已经不在了，她的爸爸也不识字，所以他们老是说，恐怕等他们死了，我的成绩才会好起来。要么就是说，如果我考不上重点高中，就不用上学了，直接去工作。难道他们不知道这样子我会伤心吗？我也是有自尊的人，也想拥有好成绩，但似乎是到了一个瓶颈，上不去。我需要关心，需要帮助，需要赞许，而不是一次又一次的冷嘲热讽！

我和爸妈沟通过，可一点用也没有。也许是处在叛逆期，我开始讨厌他们，好恨他们。既然那么喜欢翩翩，那你们当她的父母去好了喽！我越来越迷恋动漫，那些动漫里面的主人公有那么好的父母。我爱看电脑上的电子书，羡慕书里的他们有那么好的父母，甚至希望穿越到另一个世界，有一对新的父母。

真不知道该怎么做父母才会改变！

秦殇

曾跟人感慨，回复学生来信有时候真的挺纠结的，因为问题并非出在写信者身上。面对一个无辜的受伤害的孩子，说伤害孩子的父母应该如何不应该如何真的挺傻的。我也想不出一个妙招，教孩子在短时间内就让父母改变多少年来慢慢形成并且固化的一些观念，如不要动不动指责孩子、不要与别人作机械的比较、要学会说一些温暖的话、要保护孩子的自尊心和进取心……

在教育的问题上，往往是理念很丰满，而现实太骨感，再柔和美妙的言辞，怎敌他满心焦急？

不过，我可以告诉你的是，即使父母在言语之间挫伤了你，你也不要轻易地堕入厌恨的情绪里去。为什么？因为他们的确是伤害了你，但他们何尝不在伤害自己？他们的冷嘲热讽，是他们内心焦虑和痛苦的发作。不是说非得把自己孩子逼傻了，他们才心满意足，才感到愉快，不是的，他们每一次说出过分的话，每一次情绪失控，都意味着自己经受着更强烈的煎熬。他们在逞其语言暴力时，与其说是施虐者，不如说是受虐者——受自己种种根深蒂固的观念的罪，他们摆脱不开。我一点都没想为那些不懂得如何爱却总把“爱”挂在嘴边、根本不明白孩子怎样才是好却总说“我是为你好”的家长辩护，我只是说，在遭遇父母冷嘲热讽的时候，你如果有这么一份体贴和理解，甚至心生一种悲悯或怜恤，那至少不会让事情变得更糟。

不要去迷恋虚幻的东西，动漫和电子书上“那么好的父母”也不过是作者的一个理想。如果你能够对现实中父母的苦心（他们的心真的是苦的啊）有所领会，就要继续尝试与他们建立起良性的互动模式。比如，我觉得你可以用书信的方式与父母沟通，把自己心中的苦也写下来让他们真切地感知到，正式的书面化的一种表达，会让他们内心有所触动的。你要告诉他们，如果你们真的希望我好，就请给我动力而不是压力，给我信心而不是伤心，给我希望而不是绝望。

试着去理解妈妈的焦虑

只是因为考试没考好，我妈就恶狠狠地骂我。说什么我再不努力，就赶我出去。有一次，我看言情小说不幸被她发现，她就说我整天就想谈恋爱的事，真给她丢脸，还说要是我想谈恋爱，就趁早出去，她不是没我不行，要她亲手杀了我也行。我真不知道她是不是我亲妈。然后我去做作业，她就说我假勤劳。不知为什么我怎么做她都看不顺眼。我觉得我成绩不差啊，通常大的考试在年级排名二三十，可她就是不满足。有些时候我死的心都有。我该怎么办?

小雨

你妈妈在亲子相处方面显然是存在一些问题的，比如她不懂得赏识和夸奖孩子，只知道从自己认为绝对正确的观念出发，用一种极其简单粗暴的方式施加语言的压力甚至暴力，以为这样会管用。恶狠狠的态度和语言只会伤害和败坏一切，既不利于你改正缺点，也不利于你产生完善自我的意欲。她骂你不努力，你可能真的就没有了努力的心情，她就更狠地骂你，而且即便你表现得努力，她也会认为你是“假勤劳”……你们的关系就像被缠绕在一个死结里，彼此的不满无从得到解脱。

跟你一样，我多希望天下的母亲在面对孩子时都能懂得“柔软的智慧”，都能善用“赏识的艺术”，还有一份“等待的耐心”。但是，我们无法选择自己的母亲，在很多的时候，我们也不能要求别人做出改变，我们只能尽量地去理解他人，随时随地反思自己——想要让情形往好的方向发展，这是唯一的途径。

请你理解：你的妈妈内心里其实有一种难以言说的焦虑。你知道我们现在所处的社会环境有些浮躁，知道存在一种相当恶劣的社会心理（也可以说是集体无意识），几乎所有人都在攀比，比了房子比车子，比了车子比孩子。一些孩子在“拼爹”，更多的父母在“拼孩子”。你妈妈害怕“拼”不过别人。她自己可能都没意识到，她的焦虑压力其实已经转移到你头上了。请你理解：你的妈妈并不像她表现出来的那样不喜欢你，她只是在备受煎熬中对你提出了过多过高的要求，她只是在这样一个时候还顾不上来体察你的感受。等你闯过了她心目中至关重要的中考、高考等关口，你将发现妈妈其实挺慈祥的。你们之间别扭的相处时光，并不如想象的那么漫长。

有了这样的理解，我想你对于妈妈的一些“恶言恶语”可能会多一些包容，她心里其实也在受苦，甚至比你还多。自寻的烦恼也是烦恼，甚至更是烦恼。然后，你从这一点认知出发，排除掉坏情绪的干扰，认真反思自己是不是可以做得更好。有可能她还是不满足，还觉得你是假努力，没关系，那些话语在你心里激起的反应终究会小得多。

我不知道你们母女之间是否还有亲密相处的时刻，如果有，哪怕很少，也请抓住她心情还好时的机会，告诉她你的一些真实想法，必要时轻轻地抱一抱她，就像她曾经千万次地抱过你那样，让你们彼此的心里，至少有蓦然之间的一种心疼和温柔，并且不断地荡漾开来。

不妨把亲人看成“陌生人”

在学校，我与老师、同学相处融洽，但在家里，就很不一样。或许是因为我和爸爸个性都比较固执、一意孤行，我们经常会为一些小小的问题而争吵。爸爸对我如此不理解，都让我难以想象他究竟是怎样对待他的病人的（他是一个心理医生）。有时听到他与病人家属打电话，说该怎样宽容对待孩子时，我心里很不是滋味：为什么他对我和对病人的态度不一样呢？我应该怎么去看待爸爸呢？

欣玮

有一些争吵，并不是出于对别人的不喜欢，而恰恰是对自己的不喜欢。怎么说呢？有时候我们讨厌的别人身上的某些特质，正是我们自身也具有但却努力想要抑制的东西。你与父亲之所以发生争吵，有可能就是因为你们都在对方身上看到了自己的缺点，从而感到不快。举个简单的例子吧：有人不喜欢别人吃饭时吧唧嘴，其实是因为他自己抑制了这样的欲望以符合某种自我期待，可是别人却没有抑制，这才令他感到不满。他们都食欲旺盛。反过来说，一个胃口总是不太好的人，对于别人吧唧嘴的放肆吃相也许还会抱一种欣赏的态度。

你与父亲有着最亲密的血缘关系，性格和思维方式上的共性一定很多。你们都并不太欣赏自己（以及对方）的个性，如“固执”之类。但都“固执”地希望对方做出改变，做出让步，于是冲突在所难免。你们差不多都是跟自己在吵。我一直以来的观点是，处在亲密关系中的人想要和谐相处，一切改变（包括让步）都只能从自己开始，哪怕你不服气，哪怕你认死了对方是错的而自己是对的。因为对方也正是这么想的。作为一个局外人，我当然认为你父亲作为成年人更应该退让和反思，但既然是给你回信，而且是你最深切地感受到了两人关系不融洽的痛苦，有着极其可贵的改变调整的意愿，那么我劝的一定是你，你不要与父亲针尖对麦芒，当觉察到冲突将起时选择避让和妥协。当你的父亲意识到你不再那么“固执”了，他的状态也会变得更放松，从而有了反思他自己和欣赏你的心境。

说起来，你抱怨父亲总跟你吵，一点不宽容你，可是从你父亲那一头看过来呢，他窝火的恰恰是身为孩子的你总爱在小事上跟他较劲，一点不尊重他。我怀疑你有可能是处在一个心理叛逆期，对父亲身上的很多特质都看不惯。你以前未必这么看。对你的“死掐”的态度他也不适应，所以会烦躁生气。你还是应试着从正面看待父亲的个性，比如把“固执”看成“坚定”，把“唠叨”看成“亲切”，诸如此类。你对父亲的欣赏程度，与你对自我的接受程度是成正比的。

人啊，就是这样，越是互相在意的双方，就越容易彼此施以伤害。一方的惯常思维是：“如果你不是我孩子，你爱咋样咋样，我操这份心何苦？”而偏偏另一方并不领情：“我是你的孩子，可你只知道劝别的父母宽待孩子，为何总对我苦苦相逼？”在这里我要劝的还是你：为人子女者往往会低估父母对自己的感情，对于多少年来一刻都未曾缺席的养育之恩视为当然，却有可能对不太相干者的一点恩惠或一句温暖的话语感激万分。坦率地说，对于这一点我也是在自己成为父亲以后才有所领会的。孩子只觉得自己长大成人是自然而然，好像真的是“见风就长”似的，对父母则完全不然。请相信，没有一个孩子是随随便便长大的。在你长大的过程中，甚至在你还未有记忆的时候，你的父母就曾担过千万次的心，就曾投以千万次的注视，付出过他们永远也不会说甚至自己也早就忘记了的辛苦和牺牲。他们也绝不会希求自己的付出有什么回报，因为你的存在和健康成长本身就已经是他们最大的快慰。他们不会盼望你这个时候就懂得感恩，但无论如何不愿看到自己的孩子老是顶撞，老是不耐烦，仿佛他们的存在反而成为你快乐的障碍。你问，你跟老师和同学都能相处融洽，为何在家里却争吵不断？这种问法透露出你的言下之意：问题主要出在父亲身上。其实，他们也可以用同一句话来质问你，不是吗？

关于人与人之间如何和谐相处，我有一个“独门秘方”，那就是：在适当的时候，不妨把陌生人看成熟人，而把亲密的人看成陌生人。把陌生人看成熟人，我们就会善待他，不会因为一点小小的摩擦就破口大骂，这很好理解。为什么也有必要把亲密的人看成“陌生人”呢？就因为太亲密了，你会觉得对方身上的一切特质都已不屑一顾，你会觉得对方所说的一切话都是陈词滥调，你会觉得对方付出的一切都是理所当然……在一种已经模型化、程式化的感受和思维的惯性里，你听不进话，动辄发脾气，烦不胜烦，你陷落在自己的主观成见之中。你也会产生一种念头：我们虽是亲人，但还不如陌生人。但你从未真的尝试从陌生人的角度去观察一下。如果试一下，你就会获得一个崭新的视角，透过这样的视角你会摆脱惯性化认识的偏执和麻木，会过滤掉主观上已经根深蒂固的那种恶感。有人会在某个特定的机缘里对一个亲密到厌烦的人产生全新的感受，比如，他一直很反感父亲的强势，但有一天却突然在人来人往的街头看到父亲在那儿挤公交车，父亲满头大汗，被人挤来挤去，一个在你原来印象里如此强悍的人此刻却显得如此虚弱和无助……大家都知道朱自清的名篇《背影》，朱自清远远地看到父亲笨拙地爬月台的形象而忍不住流泪，就是因为他不期然地从另一个视角感知到了父亲的艰难，之前笑父亲迂、嫌父亲烦的心理顿时消弭于无形。这就是美学上的“陌生化效果”。我希望在你可能与父亲发生争吵之际，不妨试着把他看成“陌生人”，蓦然之间你会发现，这个“陌生人”的心里其实充盈着对你的爱。

至于说身为心理医生的父亲对你的态度与病人不一样，这并不是太难理解。在面对病人和病人家属时，他是医生，他在他们面前呈现出自己知性、冷静的专业素养和职业态度是自然而然的，但在面对你时他仅仅是一位父亲。医生是一个职业身份，他对病人及其家属承担的是一种有限责任，他们之间也没有生活或情感上的纠缠，他可以不受干扰地进行分析和判断。但父亲这个角色则不然，他对孩子承担的是无限责任，彼此之间有着深度的情感依恋，遇到一些问题时，专业修养是完全有可能失效的。要真正当好一位父亲更难。不少教师在教育自己子女方面常常体会到失败感，一些知名的婚姻咨询师自己的婚姻也屡屡亮起红灯，原因也在于此。当然，如果你父亲在与你发生争吵时也能取一点陌生化的眼光，那么他的专业素养应该是会帮他规避掉一些不必要的冲突的。你可以这样去期望，但不能这样去要求。改变还是要从自己做起，比如，你觉得父亲对别人耐心、宽容，那么你是否曾想过，别人其实一直是用一种尊重的眼光在看待你父亲的呢？

请站到“欢乐树”的前面

我是初二学生，成绩不是太好，但也算中上。最近学习特别紧，每天都考试，再加上每天要做运动，我浑身上下都酸痛，感到很累。心中似乎总有莫名的烦恼，有时莫名其妙就想发火，总觉得有一种压力压得我喘不过气来。听课的效率也低了，因而成绩也退步了。

我觉得自己是个很单纯的女孩啊，怎么会这样？虽然有几个很好的朋友，但最近总和她们闹别扭，现在觉得什么都不如意。我这是怎么啦？可以告诉我吗？

紫薇

有的人总觉得自己某段时间里倒霉事儿扎堆，譬如走路莫名其妙会摔跤，身上哪儿都不舒服，上课忘了带笔记，考试偏偏不及格，手机钱包也失踪了，还跟要好的朋友闹起了别扭……古人说“祸不单行”，似乎有几分道理。那为什么会这样呢？

这跟一个人看待事情的眼光有关系。心理学家说，很多问题是被我们观察问题的方式创造出来的。比如说，成绩“中上”其实多么令人艳羡，但你自己却觉得“不是太好”；每天因运动而感到累，不说蛮舒服，至少也没什么好抱怨的，但你却认为这算你的倒霉事儿之一种……总是以这样的眼光看事情，再好的心情都会被毁掉，经常感到“莫名的烦恼”也就可以理解了。

我的父亲在我小时候给我讲过这么一个故事：有个人挑着一担酒赶路，不小心摔倒了，坛子破裂，酒全洒地上了，他不是像一般人那样，在碎坛子边上捶胸顿足甚至涕泪横流，而是不做任何停留继续往前走。失去的已经失去，再守着碎片残迹叹惜也无济于事，重要的是不耽误未来的行程，否则，不如意的事难免接踵而至。曾国藩“未来不迎，当时不杂，既过不恋”这寥寥数语中，凝聚着极其高明的智慧。

“半杯水”的说法一点也不新鲜了吧，有人看到的是“只剩”半杯水，有人看到的是“还剩”半杯水，前者得到的是一种黯然的心境，所经历的人生也往往真有可能变得“愁云惨淡”；后者则能以乐观的心态覆盖眼前的一切，哪怕经历再多的磨难也依然执着地认定其中有积极的正面的力量，他活得如此生机勃勃，所以总能得到好的结果。于是前者又在那儿哀叹，看看人家运气多好，都能心想事成，可是我呢，怎么就那么倒霉呀？而越这么想，种种不顺心的事就越有可能会成串地来敲门。

这简直就像是一个“自我实现的预言”，即你认为自己是个幸运儿，你就真的会成为幸运儿；你认为自己是个倒霉蛋，你就真的会成为倒霉蛋。想什么就有什么，怕什么偏来什么。这种理论没什么神秘的，试想想看，如果你把一个人看成敌人，时时防范处处为难，他就真的会成为你的敌人。

我们总是习惯于认为因为有了好心情，所以我微笑，却未曾想过，有的时候正是因为我微笑，所以我快乐。心理学家已经证实了这一点。这其中既有强大的心理暗示在起作用，同时又可以做这样的理解：你虽然是对自己微笑，但看到你微笑的是别人，他们能感觉到你的美意，因此也会作出良性的回应，朋友之间至少不会闹得别别扭扭吧。

有本书叫《遇见心想事成的自己》，我不喜欢其中那神秘兮兮的姿态，但作者认为心灵力量可以改变人自身境遇的思想却是有道理的，如果你能保持乐观的心态，呈现在你眼前的世界就真的会令你快乐。书中提到两棵树，一棵叫“愁苦树”，另一棵叫“欢乐树”。主人公阿南对着“愁苦树”诉说了十七秒钟的愁苦，他的体验跟你几乎一模一样：“压得自己喘不过气来，非常难受。”而当他站在“欢乐树”前面，尽量试着想些快乐的事，想妈妈做的手抓饼，家里的大狗阿黄，等等，他的心里真的就洋溢着欢乐、赞美和感激。一个人感受到的是愁苦或是欢乐，归根到底是自己赋予的。

请站到“欢乐树”的前面。请确认自己的学业相当了不起。请学会把每天运动看成难得的机会。请把成绩暂时退步看成宝贵的提醒。请试着赞美你的每一个朋友，把微笑写在自己的脸上。然后，一切都会往好的方面转变。

让真实世界的魅力吸引自己

我无意中发现了一个不健康的网站，从此深陷其中无法自拔。虽然我知道不该去看那些东西，但就是控制不住自己。每次看完后很自责，但过段时间又会去看。这肯定会影响我的学习。我不想让老师指着我的鼻子说："你不正常了！"我很想改正，该怎么做？请您给我一些建议！

匿名

看不良网站的内容，跟沉迷于网络游戏一样，都容易让人难以自拔，它们的危害性众所周知。青少年自控力相对较弱，一旦沉溺其中，就会严重影响学业和身心健康，所以对不良网站要时时保持警觉，心里得有一道坚固的"防火墙"，以阻止不好的信息来侵蚀我们的学习和生活。

倘若已经不小心接触了这类玩意儿，你要树立起能够摆脱它们的坚定信心。这类东西，初看好像满是诱惑，其实是很容易感到厌倦和无聊的。跟现实世界中万千事物的恒久魅力相比，那些纯粹刺激官能的低俗文化就像是垃圾食品那样经不起咀嚼。多年前我这样写过："从席上饕餮到厕间呕吐常常只有一步之遥，从视觉的狂欢到眼睛的灾难也总在转瞬之间。"所以你不必过分自责，以免让自己陷入"沉迷—自责—再沉迷—再自责"的固化模式之中，一次次地自我承诺，又一次次地打破承诺，反而会摧毁你祛除网瘾的自信。只要多去体会真实世界的魅力，你点击那类网站的念头就会淡化。比如，一场篮球赛就比呆坐着浏览不良信息要有意思一百倍；再比如，学业进步的那种兴奋愉悦，也是官能刺激所无法望其项背的。

对强健的人来说，外魔很难入侵，种种邪祟大多在人疲弱且无聊的时候乘虚而入。你一定要热烈地拥抱你生活于其中的真实的世界、真实的人。你应该多投身体育运动，多参与人际互动，多参加社团活动，多开阔自身眼界，多拓展各项能力，让更有意思、更有价值的事情占据你最多的注意力，让那些曾经撩动你神经末梢的玩意儿被反衬得可鄙可笑，以至于你不知不觉中已经忘记了它们。没错，鬼影幢幢，在真实的阳光照耀之下无处藏匿。

人生就是“向死而生”的过程

我在大约半年前参加了一次葬礼，这使我对死亡很恐惧。我每天都在想生与死的问题。我没有办法在夜晚安然入睡，这使我白天精神很差。我没有办法停止对生与死的思考！我害怕我会因为总想这些问题而浪费我的读书时间。而且我现在老是想到死亡，总觉得生活无趣，生命脆弱。我不知道要怎么做才能不再想这些问题。

墨攻

我估计等你看到这封回信的时候，有关生命与死亡的问题已经不会再困扰你了，因为生命本身的强大惯性，以及日常生活中种种需要你去面对的现实，将搁置或消解掉你的“天问”。是的，这是一个必须被搁置的问题，但也是一个必然会解决的问题，就像作家史铁生说过的那样，“一个人出生了，这（死）就不再是一个可以辩论的问题……死是一件不必急于求成的事，死是一个必然会降临的节日”。

生活是先于思想的，在你抓破头皮思考生死时，生活早已经开始、正在进行，并且还将继续。如果不好好生活，而被困于思想之牢笼，那他无异于哲学家维特根斯坦所提到过的以头撞墙的人。其实，人生就是“向死而生”的过程，如果没有横亘于前方的死亡，生命就会失去张力，从而也将变得毫无意义。

中国思想家也一直强调“乐天知命”，能够安然看待生死，坦然面对各种各样的困境和挑战，“天行健，君子以自强不息”。好好琢磨孔子“不忧不惧”“不怨天不尤人”这些话，细细咀嚼曾国藩“物来顺应，未来不迎，当时不杂，既过不恋”的意思，你的内心一定会变得敞亮起来。

境界是在现实中“磨”出来的

我至今还没有找到人生的目标，所以缺乏前行的动力。父母说我现在吃苦努力，长大后就能过得更轻松，过上更好的生活，但我觉得这样很无趣，也太俗。我觉得人生的追求应该是精神层面的，我想像苏轼这般旷达，像李白这般豪放，像陶渊明这般悠然，可是在现代都市里要做到这样恐怕很难，我该怎么办？何去何从？

乐天

想让自己今天的生活像苏轼、李白那样，当然很难，难到完全不可能。其实即使在李白、苏东坡的那个年代，他们的生活也完全不像你想象中的那么诗意。旷达、豪放还有悠然，没错，这不但是他们的诗歌风格，总体上来说也表征着他们的人生态度、精神境界。但你恐怕只是把这种境界当成一种现成的东西了，或者说你是被一种经过文学化手法点染以后变得熠熠生辉的美丽表象所迷惑了。即便是苏、李、陶，他们真实的人生也远比你想的要艰难，充满了崎岖波折，充满了内心的焦灼和冲突。李白诗风飘逸，但他一生中从未放弃过到边塞建功立业的雄心；苏轼胸怀旷达，但他就是通过科举取功名出道的，大量优美的诗词都是在他经历现实的官场沉浮之际、在他处理繁冗的公务之暇写出来的；至于陶渊明，鲁迅先生早就说过，人们只看到他“悠然见南山”的一面，却往往忽略了他“刑天舞干戚，猛志固常在”的“金刚怒目”的一面。他们哪一个人不是自强不息，充满了前进的动力？

你对高远的精神境界、对诗意化的人生有追求，这很好，我永远都不会嘲笑一个人拥有这样的情怀。但是，正如王阳明说的，“人须在事上磨”。没有一种境界是在“精神的密室”里发育起来的，它们莫不是一个人自己经过摸爬滚打、经过坎坷风雨“磨”出来的，否则再是充满了向往之情，它们也只是空中楼阁。做个譬喻吧：一艘船从未扬帆出海，但它说它渴望的就是港湾的那份宁静，那么连港口也会对它表示轻蔑的，因为对港口来说，如果没有出发，那么连停泊的意义也会失去。宁静之所以美好是因为曾经历过喧哗和骚动。

有两位主张并且也实践了诗意化人生的美学家分别说过一句非常精辟的话，我把它们赠送给你并与你共勉。一句是朱光潜先生说的：“以出世的态度做人，以入世的态度做事。”另一句是宗白华先生说的：“拿叔本华的眼睛看世界，拿歌德的精神做人。”

美好的信念贵比黄金

为什么老师和家长总教我们一些道理，而他们自己不一定照着做呢？举一些简单的例子：他们总告诉我们不要闯红灯，要遵守交通规则，而他们有时却闯红灯；他们要我们把垃圾丢到垃圾桶里，而他们自己却会乱丢垃圾。

课本里是一篇篇温暖人心的文章，表现了一个个正直的灵魂，可现实中我看到的是一个个令人心寒的事件，一张张丑恶的嘴脸，与书上描绘的世界截然不同，难道是作者虚伪吗？

义伟

首先我要说，今天中国的成人们对于孩子是有亏欠的，你所举的例子就是羞煞无数成年人（也许也包括我自己）的明证。我们总习惯把“教育”的事看成单向的，以为我们是天经地义的施教者而孩子则是受教者，其实很多时候施受的角色倒需要互换一下，有着天真的童眸、世界观尚未被污染的孩子有足够的资格教育表现糟糕的我们。我们还习惯把“教育”的事看成孤立的，可以与自己的生活切割开来的，以为只有学科性的学习活动才是重要的，殊不知教育与整个生活世界相关，与我们的所言所行相关，如果我们在日常生活中无法做一个像样的成年人，那么无论怎么费苦心地抓他们的学习，无论怎么负责任地送他们上兴趣班、补习班，教育的效果也是很可疑的。

一位作家曾写过一篇文章，里面提到这么一个街头小细节：欧洲人在过十字路口等红绿灯时，也会显得很不耐烦，其中约一半人也会闯红灯。但如果在等红灯的那群人里有一个父亲或母亲手里牵着一个幼儿，那么整群人就会忍耐自己闯红灯的冲动。她称这里有一种成人世界心照不宣的“社会默契”。遗憾的是，这样的默契我们没有。结果是不但败坏了我们自己在孩子眼里的形象，而且给他们造成了认知上的混乱，更要命的是从此以后就很难在他们的心田里撒播信念的种子了。

而信念对一个人的成长来说是须臾不可或缺的。正是因为如此，我建议你哪怕看到了“一个个令人心寒的事件，一张张丑恶的嘴脸”，也还是能够保持一种关于真善美的最基本信念。容我稍微展开一点来说。我们都知道这个世界远远不是完美的，可童话却带给了我们这样的“错觉”，似乎善良的老实人最后都获得了完全超乎期待的回报，坏人则总会受到惩罚，而灰姑娘也比公主更能得到王子的垂青……请问你是否质疑过童话的“虚伪”？为什么童话故事总体上都讲善战胜恶、邪不压正、贵贱平等之类的主题？因为它的读者主要是孩子，它将在孩子的心里敷设一种基本的底色，你也可以称这种底色是美好的信念，有了这样的信念世界才不会倾覆，人生才不会错乱。有人说，应该让孩子尽早认识到这个世界的复杂性，认识到现实的丑陋面（它们往往被说成所谓的“真实”），否则以后会适应不了社会的。这种说法是似是而非的，它完全忽视了美好信念对于人生的奠基和导向意义。在一个人真正与现实打交道之前，他应该相信这个世界有着最基础性的真善美，否则这个世界根本就不可能存在。这种信念看似玄虚，其实最是要紧，它决定着一个人能否以真诚的心去做人做事，能否取得真正的成功，能否过好自己的人生。唯有向善的信念，才会推动现实的不断改善，才会引导人格的自我完善，才会给他以足够的勇气和智慧去闯过人生中哪怕无比艰难的关口。所以说，课本里那些温暖人心的文章，它们不是在骗人，而是在撒播信念的种子。

不可否认，温暖人心的事情与令人心寒的事情是并存于这个世界上的，但我们可不要以为后者才是“真相”。谁告诉你那些温情脉脉的东西就不真实呢？请相信，善良终究是人间的主流，美好毕竟是生命的常态。看到善还是恶，看到美还是丑，有时候取决于我们自己的眼睛。一双阴冷的眼睛可能只会看到无尽的冷漠和恶意，而当你给人以温暖的注视，你得到的也许就是善意的回馈。偏向阴暗和丑陋的选择性视线，有可能会让自己的心变得更冷，从而在无穷的烦恼中辗转。我并非主张一个人应对现实中的假恶丑闭目塞听，而是指即便面对现实和人性的残缺，也依然相信这个世界会好的，不悲观消极，不随波逐流，不学“犬儒主义”的套路，不做“丛林法则”的拥趸，在可能的情况下，尽可能地做一个拥有诚实、善良、守信、正直等优秀品质的人，未必成为“赤子”，但总可以做个“好人”。

美文篇：

生命在生长

成为自己，就是不断写出属于自己的句子。

——[法]让-弗朗索瓦·利奥塔

不是我们在读书，而是书在“读”我们

一个人的精神发育史，几乎就是一部阅读史。一个民族的整体素质，几乎与国民对阅读的热爱程度成正比。这一点已经成为人们的共识：阅读，塑造了我们的模样。可是与一些发达国家相比，我们的阅读量少得可怜。据调查，中国人每年平均阅读图书不到 5 本，远低于许多国家的水平。即便是最辛苦的中小学生，阅读量也只有美国同龄学生的六分之一。

我们之所以重视阅读的价值，是因为深刻地认识到阅读对于心智发展的不可或缺的意义。文字是几千年来人类文明的最高结晶形态，阅读，是在钻探一个又一个思想的富矿，是在领略不同时代智慧和情怀的美感，并且汲取可以丰富我们当下生活的能量。

阅读是一剂帮助我们克服心智惰性的良方。阅读是一种开放和学习的心态。阅读能给予我们真正的滋养。所以让我们保持天天阅读的习惯，与阅读天天约会，不要让电脑赶走我们的案头书，不要让手机代替我们的枕边书，不要让我们在大数据和算法构筑的“信息茧房”里自我满足。让我们进入有坡度的阅读——因为坡度，我们的心智得到激活；让我们进入有温度的阅读——因为温度，我们把阅读变成了一场无止境的自我的修炼；让我们进入有深度的阅读——因为深度，我们让想象力在辽阔之地游牧。

要让阅读真正滋养中小学生，我认为以下几点尤其值得引起注意。

一是要在认识上高度重视阅读的“立德”“塑魂”“强智”意义。阅读时间无法保障、阅读量不足，归根结底是人们认为做作业、刷题比“读闲书”更有价值。我们不能纠结于阅读“有用无用”的讨论，而是要深刻认识到阅读之“大用”。

置身于一个资讯泛滥的社会，今天我们缺乏的不是即时可得的信息，而是通过阅读拓展的格局和凝练而成的判断力；我们缺乏的不是所谓的聪明和“知道”，而是通过阅读沉淀下来的专注和定力，是百度搜索、手机速览和作业帮都提供不了的创造力。退一步说，阅读对于狭义的学科学习其实也有极大的促进作用，众多教育专家和教学名师都强调，喜欢阅读、阅读能力强的学生，学业成绩都不会差。

二是要引导学生自主阅读、弹性阅读、整本书阅读、研究性阅读。有一个现象耐人寻味：每年阅读图书 20 本以上的比例，从小学低年级到高年级到初中到高中，呈现逐年下降的趋势。这一方面固然说明随着年龄增长，学生的阅读走向深入（读的不再是一天可以翻几本的绘本之类），另一方面也表明越往高年级，学生的学业负担和升学压力越重，自主阅读的时间就越少。小学以后，学校规定任务、家校合作完成的“刚性阅读”也慢慢淡出了学生的“作业圈”，在这样的情况下，学生需要有更多的自主阅读、弹性阅读，也应该开始进入问题导向、任务驱动的探究性、研究性阅读。我们也注意到，现在一些教师推动阅读的方式是将之与考试挂钩，把名著碎片化、把名篇段落化，将它们分解甚至“肢解”成一个个所谓的知识点，这样的“阅读”就像吃药，学生们领略不到阅读本身丰富的美味，反而会失去对阅读的兴趣。

三是除了要营造阅读的有形环境，更要以自身的阅读彰显其无形价值。我们一直比较注重阅读环境如学校图书馆和公共图书馆的营造，学校图书馆和公共图书馆建设，“书香校园”工程的实施，行政层面对阅读的推广力度不减，很好地完成了中小学生阅读（主要是校内）在经费支持、图书配置、平台创设、活动引领、氛围营造等方面的“托底”工作，但阅读最终的价值是要体现为学生个体对阅读本身的“沉浸”的，因此表面的热闹无法保证阅读的真实成果。彰显阅读的无形价值，就要让环境自身富有教育性，要让环境里的人把阅读当作一种常态的生活方式、学习方式。从这个角度看，学校里的教师要爱阅读，而不是整天埋头于课本作业之类，家庭里的家长要爱阅读，而不是成为只浏览手机的低头一族，对于学生而言，离他最近的人就是最能影响到他是否爱阅读、阅读是否有质量、阅读能否成为终身习惯的“环境”。

我们要通过自己的阅读行为，让学生们体会到阅读之乐、阅读之美。

阅读在塑造着我们。所以不是我们在读书，而是书在“读”我们。

让我们读过的每一本书都成为岁月的馈赠。

让我们留下的每一个笔迹都成为时光的礼物。

作文其实是生命的眺望

记得小时候读到过哪位老先生的一篇文章，说有一类人准备作文时，会端起一种很大的架势，仿佛遍告身边人，也用力地提醒自己道：“我要写文章啦!”结果呢，半天啥也没写出来，完全是雷声大雨点小。写文章时这种大端其架子的形象是很滑稽的，但是很不幸，我自己偶尔也会落到这种境地：一旦要写文章就觉得很紧张，越紧张就越是想逃避，越逃避就越成为一个心结，结果心智和手上的笔就像被蜘蛛网缠住一般动弹不得。

一定要把作文当成自然的事情。不要试图把文章写成千古名篇，越是想写出石破天惊的句子，就离这样的效果越远。对于初学写作文的孩子来说，认识到“作文原是寻常事”这一点尤其重要。

学生在写作文时要善于写自己的见闻和体验。一位富有经验的语文老师说，要告诉学生写作文其实挺简单，就是充分调动自己的视觉、听觉、味觉、嗅觉、触觉，只要“五感”动起来，就不愁没内容可写。不一定非得游历世界才能提笔，在日常的生活里都能找到有意思的东西。我很佩服像丰子恺这样的作家，其《缘缘堂随笔》中所写者简单有些琐碎，却写得趣味盎然，读来也有滋有味，什么缘故？就因为作者有一颗童心。而童心，儿童天生具有！

儿童对世间万事万物都还葆有一种新鲜的天真的眼光，所以入其眼入其耳入其心者无不有趣。那蚂蚁搬骨头有什么好玩的呢？但小孩子却蹲在旁边看得津津有味。一个大人挑担子时掉进烂泥里有什么好笑的呢？但小孩子却笑得差一点窒息。看见甲鱼翻身，有人只担心它会不会逃走，而像老顽童式画家黄永玉这样的人却欣赏其扭脖伸腿之憨态。有天真的眼光，这个世界里的人和事便显得生动灿烂起来。比如黄永玉写他陪漫画家张乐平喝酒的情景：他趁老张走开的瞬间抢吃牛肚，“两筷子就扫光了那个可怜的小碟子”，老张只得再叫来一碟后，“非常警惕我筷子的动向”。

儿童还完好地存留着对这个世界的幻想，他们的天地还没有被“格式化”，还没有被盖上各种意义的印戳，还没有被套上束缚想象力的绳索。幻想是孩子的天生权利，也是他们最大的优势。现实重力还没有起太大的作用，他们可以放飞自己的情感和思绪，就像卡尔维诺说的，到达“轻逸”的境界。我有一个观点，文章写得好的人，各方面的表现都会变得出色。为什么？因为他能写好一桩事、一件物、一份情，就说明他能找到与世界对话的方式，更能找到自己内心的秩序感。有想象力的孩子、有内在秩序感的孩子，能不优秀吗？

当然喽，想写好作文，还有一个重要的前提，那就是要有足够大的阅读量。脑神经科学家和认知心理学家都认为，阅读是直接影响一个人心智成长的，比如负责高阶思维的前额叶，就是通过大量阅读和讨论得到充分发育的。阅读不仅给我们更丰富的语汇储备、更多样的表达方式，而且还赋予阅读者更立体的情感体验和更丰厚的思想积淀。大量地阅读，给人带来的并不是直接可观的但却是至精至微的一颗“诗心”“文心”。诗人弗罗斯特《收集落叶》中所写的：“用铁锹收集落叶/不比用调羹顺手/装满落叶的口袋/轻得就像气球。”把一片片落叶收集起来，费了很多工夫，装了那么大的一袋，可是拎起来却没什么分量，简直是白白浪费了时间。但真的“浪费”了吗？那一颗轻盈灵动的诗心，对写作的人来说可是无价之宝啊！《诗经》中也写过这样的意思：终朝采绿，不盈一匊，终朝采蓝，不盈一襜。就是说采了一个上午的草，所得只有不到一捧，可那不到一捧的东西却是宝贝。淘尽黄沙始见金，唯有大量阅读，才能触摸写作的独特法门。

在这里，我还想重复一遍：为人师长者的生命状态会影响孩子作文的质量。

孩子的世界有多大？虽说今天他们也算“见多识广”，但总体上来说他们的亲身见闻囿于学校、家庭以及家校之间的路上，当然有些家庭会腾出点时间陪伴孩子去动物园、植物园、博物馆之类。如此看来，他们的视野的大小、见闻的多寡、观察的精粗、体验的深浅、感受的浓淡很大程度上其实是由家长决定的。孩子的世界，是在家长引导之下不断扩展和深入的世界，虽然孩子是无可争议的主角，但很多时候他们的视线停留在父母身上，他们感悟的契机来自父母的话语和行为，他们价值观的底色源自家长在生活中的诸般表现。写父亲母亲，写爷爷外婆，写身边的点滴小事，从来就是学生最初写作文时的当然选择。家长是与孩子最“接壤”的人。家长是孩子察看、理解世界或者观照自我的“第一入口”。家长自身是不是有个性的人，是不是有情趣的人，是不是能激发孩子思考和表达欲望的人，直接关系到孩子写作文时是否有鲜活的素材、独特的视角、生动的领悟。如果家长有好奇心爱探索自然，孩子一定会被引领着去曲径通幽；如果家长感性发达诗性未泯，孩子必定会被影响着敏感于四时变迁、花开花落；如果家长真诚地生活并且领略着真实的艰辛和欢乐，孩子也便能从中窥探到一点世界的复杂色彩，甚至隐约品尝到一丝生活的酸甜滋味……他们怎么会觉得“没什么好写”？怎么还会想到去生憋硬造？

请相信，家长的生命状态会直接作用于孩子的作文。因为家长的在场，一次日出会点染孩子抒情的渴望，一滴露珠会折射出孩子审美的熹光……今天有多少家长还会带着孩子光脚走在草地上、奔跑在田野上？会领着孩子在远离光污染的地方静静仰望浩大的星空？如果没有，家长有什么资格埋怨孩子无话可写，写不精彩？

家长的天地有多大，孩子眼里、心中和笔下的世界就有多大。

家长的生命有多厚实，孩子的内心就有多丰富。

孩子的作文，是附丽于我们以及我们帮他开启的生活世界的。作文与心智的发育同步，作文总是伴随着发现的惊奇和喜悦。

作文其实是生命的眺望。

请相信，写就是写的报酬，爱上写作，一定能品味到最甘甜的滋味，欣赏到最优美的风景！

美丽的规则

那是一个傍晚，我们乘着一辆车，从澳大利亚的墨尔本出发，往南端的菲律普岛赶。菲律普岛是澳大利亚著名的企鹅岛，我们去那儿看企鹅归巢的美景。

从车子上的收音机里我们知道，这个岛上正在举办一场大规模的摩托车赛。司机和导游是中国人，听到这个消息后都显得忧心忡忡。因为根据估计，在我们到达企鹅岛之前约一个小时，这场大规模的摩托车赛就会结束。根据我们的经验，到时候，观众散场，会有成千上万辆的汽车往墨尔本方向开。这条路只有两条车道，我们都担心会堵车，而真正可以看到企鹅归巢的时间只不过短短半小时，如果因堵车而耽误了时间，我们就会留下永久的遗憾了。

司机加快了车速。虽然时值傍晚，夕阳如血，南半球高纬度地区宽阔的海天之间，云彩无比迷人，可是我们都没有心情欣赏或下车拍照。只是担心着一个问题：会不会堵车？会不会因此与美丽的企鹅归巢失之交臂？

担心的时刻终于来了。离企鹅岛还有六十多公里时，对面蜂拥而来大批的车流。其中有汽车，还有无数的摩托车。那可是一些特别爱炫耀自己车技的摩托车迷啊！他们戴着钢盔，一副耀武扬威的样子。

此时此际，目力所及，从北往南开的车只有我们一辆，可是由南向北的却何止千辆！我们都紧张地盯着所有从对面来的车辆。然而，出乎我们意料的是，我们双方的车子却依然行驶得非常顺畅。

我们终于开始注意到，对面驶来的所有车辆，没有一辆越过中线！

这是一个左右极不“平衡”“对称”的车道，一边是光光的道路，另一边是密密麻麻的车子。然而没有一个“聪明人”试图去破坏这样的秩序，要知道这里是荒凉的澳洲最南端，没有警察，也没有监视器。有的只是车道中间的一道白线，一道看起来似乎毫无任何约束力的白线。这种“失衡”的图景在视觉上似乎丝毫没有美感可言，可是我却渐渐地受到了一种美的感动。

夜幕降临了，所有的车都打开了车灯，看着那来自对面一侧的流动的灯光，我感觉到了一种无言的美。我必须说，那是我平生所见过的最美丽的景观之一，它给我留下的印象，甚至要比后来我们如愿看到的场景——暮色之中，可爱的、憨态可掬的小企鹅从海浪里浮现出来，然后摇摇摆摆地踏上沙滩，一路追逐着回到沙丘巢穴——还要深刻。因为，我从那条流淌的车灯之河中看到了规则之美、人性之美。

生命中的第一页

她怀上了双胞胎，因为身在异国他乡，有些紧张。七个月的时候，婴儿早产了，两个稚嫩的小家伙被送进了医院的特护中心。

当被允许去特护中心看孩子时，她发现在每个婴儿的身边都有一个小本子。本子封面上贴着婴儿的照片，写着他们的名字。好奇地打开，发现上面写着一些字，记录了婴儿自诞生以来每天的变化，几乎所有的细节都被注意到了。

第一天："宝贝，欢迎来到特护中心。你看起来多么可爱啊！但你早早地来到这个世界上，是为了想给你的父母一个惊喜吗？"另外一天："今天你打了一个很大的哈欠。"旁边画着一只憨态可掬的小考拉，抱着树枝在睡觉。

等到下次去看望的时候，她发现那个本子里也留下了自己的痕迹："今天你的父母来看你了，他们还第一次亲吻了你。"

而这一天的记录是这样的："今天给你做了一次身体检查，为了防止射线损伤你的眼睛，我们给你戴上了眼罩。这可是你平生的第一副太阳镜哦。"那个小眼罩就被小心地粘在了本子上。

诸如此类的记录还有很多。所有这些都是特护中心的护士们自愿做的。她们真的像个天使一般，为一个新生命的来临而欣喜。她们替婴儿写日记，记录成长中的点点滴滴。她们还在纸页空白处画上色彩斑斓的花草和可爱的小动物。她们为孩子留下了生命中最珍贵的第一页。

很快，她就要带着孩子们出院了。护士把那两本漂亮的日记移交给她和她的先生，希望他们能够继续记录下去，一直到孩子们长大成人。

他们长大以后看到自己生命最初的表现时，也许会想起那些陌生而又亲昵的在场者：那些注视过他们的人；那些亲吻过他们的人；那些呵护过他们的人；那些记录过他们的人；那些爱心无法得到直接回馈的人。可以想象，那时候，当年青春可爱的护士们已经老了，但是依然美丽。

我知道这个故事平淡无奇，而且似乎微不足道。但是，当我坐在一个幽静的茶室里，听她慢慢聊起这个经历时，却领受了一份真切而柔软的感动。刚才我还在为穿过马路时，没有一辆车在斑马线前减速而耿耿于怀。

也许没有必要为自己被女性化的琐碎叙事打动而感到不安。

爱意的传递纯然发自内心。对于生命的尊重往往潜伏于易被忽略的细部。

如果你是那婴儿，你一定会感到幸福，因为在你的生命之初，除了父母之外，曾经有人这样在乎过你。

光脚走进阅览室

前些天听我的老师讲起一桩事情，令我的心受到了触动：有一次，他陪伴一位外籍教师去学校图书馆参观，图书馆阅览室里座无虚席，同学们都安安静静地坐着看书。两人往里面走了几步，那位外籍教师却突然站住不走了。我的老师奇怪地问他怎么了，做出继续邀请他往里走走看看的手势。要知道，这所大学的图书馆是以历史悠久、建筑宏伟、环境幽雅而著称的，其历史最早可以上溯到湖广总督张之洞创办的自强学堂图书室，正式建馆也已有近百年，学者们来这所大学，都要参观此著名的图书馆。

而那位外籍教师却仍然站在原地不动。他指了指自己的脚，摆了摆手，又朝周围正在埋头学习的同学看了看。我的老师还没明白过来，只见外籍教师突然蹲下身去，迅速地把自己脚上穿着的皮鞋脱掉了！然后他把皮鞋拎在手里，脸上浮现出心安理得的松弛神情，光着脚继续往里走。原来，他是担心自己皮鞋走在木地板上发出的声音干扰了同学们的学习。

那位外籍教师赤脚行进在图书馆阅览室里的小细节打动了我。从这个似乎有几分“狼狈”、不那么有“尊严”的举动中，我看到的不仅仅是一种面对历史人文遗留物的可爱的谦卑，更是一种发自内心的对他人的尊重。

我也经常走进安静的教室或图书馆，参观或采访，心底里也因为干扰他人而产生过一丝不安。但是我从来没有像那位外籍教师一样，脱掉那双发出恼人噪声的鞋子。我们似乎都已经习惯于侵犯和被侵犯了。

被尊重的感觉是美好的，前提是自己必须也尊重他人。尊重的前提是人作为独立完整个体之间的平等，尊重的意向是基于内心的诚恳，而我们却常常把尊重变成了一个姿态、一种骄纵。

什么是真正的尊重？想想那个图书馆里脱鞋的举动。

生命中的两万天该留点什么

时钟嘀嗒嘀嗒地走着，我知道那是我的生命在流淌。

不知从哪一天起，我们开始对自己的年龄敏感起来。20 岁以前，总觉得没有进入生活，但今天回过头看，偏偏又觉得那时候的故事最多，记忆最饱和。日历一页页地翻，年龄无声息地长，偶尔翻翻旧照片，会惊异于那双满是稚气的大眼睛曾经属于我！忽然间，我们似乎意识到，许多东西在不经意中已经永远湮没在黑暗中了。在成长的同时，我们也失去了渴盼成长的心情。

我曾经好多次向朋友们问过同一个问题："人一般能活多少天，凭你的感觉尽快报个数字出来。"

"10 万天!"

"20 万天!"

几乎每个人的声音都响亮而充满自信。然而我却告诉他们，人的生命实际只有两万多天。起初，没有一个人相信我的话，说："是不是少了一个零?"经过一番计算之后，朋友们深深地叹息了："怎么？人生如此短暂!"

天黑下来了，我拧亮台灯。时钟嘀嗒嘀嗒地走着，我知道那是我的生命在流淌。我打开一本书，米兰·昆德拉正在说："我讨厌听我的心脏的跳动；它是一个无情的提示，提醒我生命的分分秒秒都被点着数。"可是我没法不听，正如我们没法拒绝两万多个日子一个个溜走；我的心脏没法不跳动，正如树叶在秋天里没法不飘落。心脏停止跳动，那便是我们的末日。我平静地想着：我们怎样才能在最后走进坟墓之前没有遗憾？这个问题非常接近那段我们耳熟能详的经典语录："当我们回首往事的时候……"

这个时代已经不可能只存在一种声音，也失去了响亮的压倒一切的"黄钟大吕"。当年奉为圭臬的东西今天或许被扔进了垃圾箱。人们更懂得珍惜自己的琐细欲望，为物质和肉体急急奔忙。人们抛弃了一个英雄的时代，继而也抛弃了英雄所具有的精华。没有了殉道者般的神圣和信仰，没有了朝圣者般的坚忍与顽强，没有大爱，没有大恨，没有大悲，也没有大喜。

于是，我想到一个人，半个世纪以前，他在《生命的路》中写道：“自然赋予人们的不调和还很多……然而生命决不因此回头。”这个人就是鲁迅，他追索的是大生命。他“为了肩起黑暗的闸门而拥有一颗黑暗的心”，他“是现代中国最痛苦的灵魂，不管怎样，他都是一个战士”。可以有千万个陶渊明、苏东坡，可以有数不清的林语堂、梁实秋，但是鲁迅，只有一个。

一种坚挺、鲜亮的人格精神在今天是极其稀罕的。

几天前，重读小说《北方的河》，我再一次被感动。瞧那个人，他坚定地站着！他有一种足以震慑群生的气度，他的硬朗的质地是对众多聪明人的嘲讽，他的沉默和铁一般的冷峻令机会主义者心惊。那个人，他是来自欧亚大陆高纬度的坚硬的风，他有信仰，“信仰，你这纯钢百炼的处女”！还有海子，质朴而清亮的海子。这位诗人没有活满 1 万天，但他永远保持了纯洁。他“站在太阳痛苦的光芒上”，复活了。

“诗意是人的栖居必备的基本能力。”海德格尔下了这样的断语。这诗意，动物不会有，它是我们人类的粮食。

夜深了，时钟依然嘀嗒嘀嗒地走着，我听到自己的心脏跳动的声音。我合上眼睛，看到了这样一幅幅图景：鲁迅在夜里一边咳嗽，一边写文章，灯光昏黄，“爱夜的人于是领受了夜所给予的光明”；弗朗茨·卡夫卡彻夜写完自传体小说《判决》，完成了与自己灵魂的对话，“我的心脏周围隐隐作痛”；马赛尔·普鲁斯特从 35 岁到死，生活在暗室中，门窗紧闭，房间里点着蜡烛，《追忆似水年华》成为他唯一的安慰；张承志做着“静夜功课”，午夜时分，他点燃一支烟，纪念夜与黎明相连的瞬间……

这群孤独的人，这群饱满的灵魂！

我们怀着美感想他们，并不意味着我们的青春必须苦难重重。我不希望青春被某一种方式囚禁，它应该是绚烂的，完全开放的；我不希望在 20 多年的岁月里永远背着沉重的十字架，有人背它只是为了别人可以不背它。

我想说的只是：哪怕我们的世界变得越来越狭小，越来越平庸，也别让我们精神的花朵在春天枯萎；哪怕我们四面楚歌，也别忘记保持自己尊贵骄傲的呼吸。

羞愧与骄傲

有一个孩子，在他十多岁时，开始为家里的贫困而羞愧。他交不起学费，就自己卖冰棍挣点钱，他怕被女同学看见，怕被男同学取笑。夏天过去了，他提着一大袋硬币去交学费，老师当着全班同学取笑他："嗬，有人把棒冰箱搬进教室里来了！"那一刻，他无地自容。

二十多岁时，他已经长大成人。想起当年的羞愧，他觉得不可理解。羞愧已经变成了他的骄傲：小小年纪，他就拥有了经营头脑，已经学会在烈日下奋斗，为了追求埋藏于心中的一个读书梦，他比同龄人更早地开始勤工俭学，通过自己的劳动挣钱，多么了不起！

可是这时候，他又有了新的羞愧。他为自己的胆怯羞愧。他不敢追求自己喜欢的女孩，不敢提出自己的要求，不敢在众人面前表现自己。他也不敢公开发言，生怕自己声音发抖，语无伦次。有一次，在某个大会上，他在轮到自己发言前的最后一分钟告诉主持人，他还没有准备好。这一次临阵脱逃令他羞愧难当，并且在他心底里埋下了阴影。

三十多岁时，他已经太习惯跟异性交往，也变得善于提意见，说出自己的想法。他在公开发言时显得越来越自然，并且已经掌握了那些必不可少的套话、空话，熟谙八股风格，懂得起承转合。有一天他想起当年自己的羞愧，同样觉得不可理解：在这个越来越多装腔作势、搔首弄姿、自我吹嘘、卖力标榜的时代，他的胆怯不正表明内心的诚恳，对于连篇空话的拒绝吗？换一种眼光看，他甚至应该感到骄傲，因为那已经成为越来越稀缺的美德。

他还是不断地有新的羞愧。他为穿的衣服不够体面而羞愧，为房子不够大而羞愧，为骑自行车上班而羞愧，为年岁渐长仍然无职无权而羞愧……

到四五十岁以至年纪更大以后，这些羞愧会成为他的骄傲吗？他不知道。

也许有一天他会明白，在衣不蔽体的人群中，衣冠楚楚的人才是可耻的；在很多人还在为没有区区十平方米空间而流泪时，拥有“高尚住宅”的人应该感到不安；在开着车子给路人溅上一身泥浆时，羞愧的应该是车内人；在每个人都削尖脑袋要掌握点权力享受点好处时，“无所作为”恰恰是最值得骄傲的作为……

人的一生就是一个不断产生羞愧并且克服羞愧的过程。也许，唯一真正应该感到羞愧的，就是从来不知道羞愧。

疼痛的抚摸

曾应邀去一所高校讲新闻写作，报告厅里坐了上百名学生记者，他们清新质朴，眼神里充满期盼。

讲新闻采写的角度，讲新闻写作的人文关怀，讲新闻语言的老套和新意……报告厅里时时腾起阵阵笑浪。讲完，一些学生围过来，提问，要地址。自我感觉良好。

一星期后，收到一封信，寄自那所大学。心想，一定是位写作爱好者，听了讲座后写信来探讨问题。

信笺被折叠成精巧的形状，一看就知道写信者是位女生。小心拆开，读下去，心情陡然变得沉重。

我在讲座中曾谈及一事：高考结束后，我到某地采访，发现当地电视台在“热播”有关贫困生的报道。一些在高考中得高分的特困学生，因担心交不起学费，在镜头前偷偷饮泣，与亲人抱头痛哭，甚至在亲人遗训前号啕大哭。我说，那种画面给我一种强烈的视觉刺激，我怀疑，如此不由分说地公开展示窘境会不会给被访者带来心灵的创伤；我也质问，是不是援助的获得必须以付出自尊为代价？那些以唤起爱心为目的的电视镜头，是不是显得太过生硬粗暴，是不是完全忽略了被访者个人内心的真实感受？

信里面说，她就是我所述的曾在镜头前痛哭的一名学生。

有时候，世界真的很小。

她说，自从电视里播出那一报道后，她感觉如受重创，几乎无法喘息。整个暑假她都过得恍恍惚惚。她说她不能怪任何人，因为都是出于好心，她只能怪自己家境贫困。她说她也想过逃离镜头，想逃离他人怜悯的目光，但她无力决断。她接受了援助，进了这所远远低于自己期望值的高校。

而我讲座中的那番言论，无意中触及了她内心里隐秘的伤痛。她说那一刻她的脑中一片空白，此后我讲了些什么她一概不知。她装作埋头读一本小说，但其实一行也没有读懂。

伤害一个人就是这么简单。而伤口的复原，却需要漫长的时光。一点风吹草动，都会在她心底掀起惊涛骇浪。

我在回信中表达了诚恳的歉意，并说了一堆苍白陈腐的道理加以劝慰。

她再一次回信，信里说，她现在需要的仅仅是遗忘。

开始明白，为什么在英语里，提供帮助的人总是问："我可以帮助你吗?"而如果在谈话中不小心触及了对方的伤心事（如提到的某位长辈已过世），则往往会跟上一句"对不起"。

每个人都有属于自己的一小块领地，无论富者穷者智者愚者，身边都围着一道或高或矮的篱笆，以保护自己的个人领地不受侵犯。这道篱笆既是一种拒绝，又是一种邀请：它拒绝恶意的窥探，粗暴的闯入；它邀请真诚的帮助，平等的会晤。它是脆弱的，阳光可以渗透，和风可以吹拂，但无法承受双足的践踏。

伸手相助，永远都是值得赞美的。但请不要忘了认真对待那一道守护人性中最后一点尊严的心之篱墙。

优等生的自卑

我曾经在学校里体验过作为一名所谓优等生的骄傲感。当时还流行在全班甚至全校根据成绩排座次，两三年时间里，我几乎毫无争议地牢牢占据着榜首。那时候我真是风光无限，有一次在全市大赛上获得大奖以后，班上同学如众星捧月一般将我围在中间。平时，常常有同学送给我看自己订阅的杂志，耐心地等着我一块儿去食堂，只要我招呼一声，也总是有人很乐意跟我去打乒乓球或者上河边散步。当然，我也是老师眼里的红人。

但是，除了我自己，没有人知道，也没有人相信，我的心里埋着深深的自卑。我一直觉得，自己除了会读书、考试成绩好之外一无所长。我羡慕有同学能下一手出色的围棋和象棋，我羡慕有同学在全校运动会上百米跑的那种风采，最后冲刺时在现场掀起的那种欢呼对我来说太陌生也太有诱惑力了。还有能轻松做二三十个腹部绕杠的同学、能写一手漂亮粉笔字的同学、能说几句话就逗得别人前仰后合的同学……都令我时时厌恨自己其实是一个多么平庸而且乏味的人。

还有一位高个子的同学乐平，此人身上有一股不羁的潇洒劲儿，每次班级活动中都是最活跃的，组织能力也超强。更难得的是，这么一个略微带点痞气的人，学习成绩也很不赖。当然跟我相比还是逊了那么一筹。大概也正因为如此，我一直觉得他斜视我的眼光里有一点点敌意。我记得有一个晚上，在二三十人一间的大寝室里，他用一贯看不起人的口气在那儿对另一个同学说："有什么了不起的?"我听了以后马上就心虚地以为他是在讥讽我。因为就在那天傍晚，班主任直接任命我为校刊的副主编，我的心里满是战战兢兢，觉得像乐平这样的人肯定不服气。但是我当时什么也没说，只是有点难受、又有点不安地入睡了。

转眼高中毕业 20 年了，我跟乐平早已成为很好的朋友。聊天时说起往事，他怎么也不相信我居然还会自卑。他说他才自卑呢，他表面上嘻嘻哈哈，但也曾暗中发力试图冲击我学习上的霸主地位，但每一次都失败，眼看我似乎在不经意之中斩获一个个奖项，他的心理也逐渐从嫉妒变成了佩服。他说之所以不太跟我说话，就是因为我不太跟他说话。他还说，如果那些成绩不佳的同学知道我那么羡慕他们，恐怕也不至于自动把自己归入“差生”的阵营，觉得中学几年了无意趣了，因为他们能从优等生的自卑感里收获一点自信，在“分数至尊”的畸形校园环境里也多少能体验到一丝成就感。

如果你羡慕优等生，那么请相信你自己一定也有值得他羡慕的东西，这个世界上的尺度永远不会是单一的，野百合也有春天，你根本无须自卑。如果你是优等生，当然也没有必要太过苛求自己完美，世界上没有完美的人，每个人都有自己的软肋。但倘若心里会冒出一点点的自卑感，那也未尝不可，这点骄傲感背后的自卑感可以提醒你，你没什么好膨胀的，你只不过是一个小小考场上暂时的领先者而已，真正的挑战永远在考场之外。

敬畏如同永恒的星空

敬畏，是人类童年时期萌发的一种基本情感。那些热爱智慧的先哲们刚开始思考这个世界和人自身的存在奥秘时，就禁不住发出一阵阵的惊叹。这声声惊叹属于哲学，属于宗教，也属于科学。当毕达哥拉斯发现星球之间、琴弦之间有着如此完美的数字和谐时，当巨大的灾难使尘世中的生命显得如此脆弱和卑微时，当帕斯卡尔以超常的智慧领悟到“有限无法真正认识无限”的宿命、人只不过是“迷失在大自然最偏僻的角落里”时，当孔子体察到“迅雷烈风”并且把它看成自然对人的警示时，当老庄及其信徒们直觉到生命的短促和宇宙的无穷时，敬畏之念就已涌动在人类的心魂深处。

所以放眼看去，隐隐窥见“存在之深渊”的哲人们往往像孩子一样屡屡体验到震惊和惶恐的感觉。不必举太多的名字了，即使那位在哲学上完成了“哥白尼式革命”的康德，也仍然敬畏着头顶的星空和心中的道德律，即使那位被视为最具颠覆性、宣告了上帝死亡的尼采，也依然偏执地要守护“高贵的精神”。而大量有着宗教偏好的人，更是对神圣怀有充分的敬意和畏惧。爱默生“被我们所探索的无边的宇宙所慑服”，认为人生活在这个世界上，仅仅是用一点小家子气的聪明来把握世界而已。赫舍尔问：人是什么？一条在卵石和土地上蠕动的虫；一个在无边无际的浩渺宇宙中盲目浮游的小生物。而克尔凯郭尔则把敬畏升华成了一种美学。

然而，就像童年时做过的梦一样，敬畏也被长期地遗忘了。“科学”获得了殊荣，戴上了人类一切心智活动的冠冕。“科学”也就慢慢膨胀起来，忘乎所以起来，对于另外的思想路径表示出了傲慢和偏见。“征服”是它的一个习惯用语，浑然不觉所谓的征服者只不过是宇宙苍穹中的一条“寄生虫”。这种狂妄的“科学”信奉“人是万物的尺度”“人是万物的灵长”，对于自然只知驯服、利用、掠夺，而从来不敬天道，不畏天命。正是在这样的征服过程中，人类群体逐渐失去了家园感，人变成了“废墟上的神祇”。事实上，真正的科学精神恰恰被这种自私的、人类中心的实用主义所玷污。科学本来的目的是要消除人在这个世界上的异乡感，然而一味横行、毫无节制的后果是，我们的家园已满目疮痍，我们时时受到报复。真正的智者在很多时候其实都是谦卑而抱有敬畏之心的。且来听听一位大哲学家与一位大科学家的悖论式的名言吧。苏格拉底说：我唯一知道的是我其实一无所知。爱因斯坦说：这个世界唯一不可理解的是它竟然是可以被理解的。

必须认识到人的局限，要知道自己的边界在哪里，技术的边界和欲望的边界。对于个体来说，没有了敬畏之心也必然意味着失去了生活的根基、价值的底线。亵渎神圣、佛头着粪、游戏到底、快感至上，这是后现代主义文化的惯用伎俩和大致面目。躲避崇高，解构意义，无知者无畏，没有什么是不可以的，借用韩少功的话说：“圣徒和流氓，怎样都行。”于是，肠胃和生殖器成为最重要的器官，身体成为唯一的信仰，世界成为一个巨大的游乐场，生命不再是一个奇迹，仅仅是一只盛满欲望的口袋。而总有一天，失去边界和底线的放纵会反噬自己的身体和心灵。怀有一份敬畏，我们这些偶然闯入这个世界的人，才会反思自己的境遇，才会敛神净心，才会仰望星空。而那遥远的清冷的永恒星光，将会抚慰人类的孤独。

人性的掌声

这是一个著名的颁奖典礼，美国演员工会的大牌演员们济济一堂。灯光把大厅装饰得富丽堂皇，一切都显得那么优雅。此时此刻，通过摄像机和卫星，这里成了世界上许多双眼睛关注的中心。

第一位获奖的女配角上台了。在高密度的关注之下，她有些激动，一开始还找不准自己的语调，但很快平静下来，展开了对自己演艺生涯的简短回顾，她说，她步入影视领域的道路并不平坦，多年来一直籍籍无名，出于对自己的怀疑，她甚至还做了一项能力倾向测试，测试的结果是她应该去做一名系统分析员。可是她坚持走了下来，终于被越来越多的人接受。她说她今天为自己是一名演员而骄傲。她这番话说得相当动人，说完后掌声响成一片。

又一位获奖的男演员走上领奖台。这是一位老演员，看起来有五六十岁了，他在美国收视率甚高的《西厅》一剧中扮演重要角色。掌声平息下去后，所有的人都在期待地看着他，不知道这位阅历丰富的老人会说些什么。可是令人吃惊的是，他却紧张得几乎说不出任何话。他想进行一番例行的感谢，可是居然想不起他们的名字。他不断地重复着“oh，my”，不断地扯着自己脖子前的领结，似乎想把它揪下来，因为他这个时候血往上涌，一定有一种窒息之感。这真是让所有在场的大明星和电视机前的观众揪心的时刻。幸亏他还想起了一句话，并且毫不犹豫地说出来了：“人们说，一个猴子爬得越高，它的红屁股就越显眼……”这句自我解嘲的话得到了很多理解的掌声。他又说，他现在正在把自己最糟糕的一面赤裸裸地呈现在人们面前。掌声更热烈了。这片掌声里有一种人性化的东西。两分钟后，他总算找回了自己的记忆，报出一个又一个他要感谢的名字。

获得最佳女演员奖的是朱莉娅·罗伯茨。看到她站起来与众多祝贺者拥抱，看到她款款走向领奖台，我心里想，这位早已经历过奥斯卡颁奖典礼等无数大场面的世界级影星该会有一番非常得体的说辞吧。可是，不，我们的大嘴美人，这位倾倒了全世界无数男人的演员几乎没有完成一个完整的句子。这个时候我才体会到什么叫“语无伦次”，体会到为什么英语里面经常有“挣扎着说出几个词”这样的表达法。因为我们的大嘴美人就是在痛苦地挣扎着发出一些声音而已。没有逻辑，没有语法，没有修辞，也没有仪态。她其实早已经成百上千次地面对镜头，面对人群，可是，她依然紧张得一塌糊涂。伴随着杂乱无章的手势和支离破碎的语音，意味复杂的泪水涌上了朱莉娅·罗伯茨的眼睛。

此时，温暖的，善解人意的，给人无限宽慰和鼓励的掌声依然响起，甚至更为热烈，更为持久。掌声减弱了台上那个人的孤立无援感，掌声淹没了她发出的各种杂音，掌声填补了她失语后留下的可怕的寂静，掌声使她获得了喘息和找回自我的时间。更重要的是，这片微笑着的善意的掌声传达出一种信息，它告诉每一位处于被关注中心、正在经受着某种内心煎熬的人：亲爱的，我们理解你，在你的境地，我们不会表现得比你更好，其实你所表现出来的一切只会让我们感到你更可爱，此刻，我们愿意用掌声来感谢你的勇敢，同时一起分担你独自承受的压力。

放弃是一件最容易的事

10 年前，我是个每天记日记的家伙，一口气记了 5 年多，一天不缺。那时候的生活说不上“丰富多彩”，所以连“与 × 聊天，谈宇宙起源问题”“路上见一绝佳美女，恨无缘相识耳”等也全都记录在案。可那时候的思想绝对丰沛，喜欢就各类问题发表长篇论述，一写就是七八页，甚至长达 20 多页。除了这些，还有很多今天看来感到脸红的话：“又打牌半天。我发誓，今后再也不玩这种无聊的游戏了！”后面的感叹号又大又粗，且绝对不止一个。可是第二天却照样上场。还有：“我决定，从明天开始，不抽一支烟，不喝一滴酒，现在到了考验你意志的时候了！”可是这样的努力每一次都是在室友的诱惑之下宣告失败，我悲哀地发现，如果我被敌人关在牢里，可能只要他们拿出一支烟，我就会投降。其实，什么“誓言”，什么“决定”，都架不住自己的心念一转：唉，何必跟自己过不去呢？

放弃——也就成了我青春时代的主要线索。我太善于放弃，也习惯了放弃，不以放弃为耻，反以放弃为荣，因为我总能找到理由为自己的临阵逃脱和出尔反尔开脱，那些理由都很高明、很聪明、很机智。小到打牌抽烟，大到爱情人生，我屡屡放弃。说一些“大”的吧。20 岁，放弃初恋，理由是“太熟悉了”；21 岁，放弃考研，理由可以写满十页纸；22 岁，放弃外出闯荡，因为怀疑自己是不是有生存能力；23 岁，再次中途放弃考研，理由之一是“不想看已经看过的书”；25 岁，第三次在最后一刻放弃考研，理由可以说上三天两夜，其中之一是“不喜欢武汉”；27 岁，放弃到广州，理由是“再到一家新的报社从头干，年纪大了一点，如果再早几年……”，同年，放弃到某文学杂志社，理由是“收入偏低，再说，很快就可以拿到房子”……一年一年，激情衰退，理想变色，越来越不明白，自己到底该干什么，又能干什么？然后，糊里糊涂，就到了“告别的年代”。

现在终于知道，放弃一点都不高明，放弃是一件最容易的事。人要做一件事，也许只有一个、唯一的一个理由支持着你，可要不做一件事，会冒出成千上万个借口。可悟到这一点，代价太昂贵了。这代价就是黄金般的青春岁月。

在我放弃考研后，一直都关心着我的导师，一位著名的美学教授给我写来一封信，他对我在最后一刻的放弃感到震惊，语气里流露出的那份焦急和伤心至今令我感动。我一直把对他的歉疚埋在心底。他信中的一句话使我印象至深。他说，人生当中会有各种各样的机会，有的机会失去了可以重来，有的错过了就再也不会出现。我明白他的意思，因为人的心力终究是有限的，就像一只船，在满帆的时候不能乘风破浪，怎么能寄望它远航万里呢？

逐渐地不太习惯说“理想”两个字，而用“想法”代替。于是，经常问别人也被别人问：“有什么想法没有啊？”“没什么想法。”就这样，偶尔在一些场合（比如大学校园）听到有人谈“理想”之类，会感到浑身不舒服，甚至还有点心理优势，想：“你多嫩啊！”开始更关心手头的事，身边的人，开始考虑单位里的小得小失，丈量人际距离啊，议论是是非非啊……心胸越来越狭窄，心情越来越坏。这是怎么了？在一次出差的长途汽车上，我顿悟到，这是因为在不知不觉中我已经放弃了“理想”。除了在乎、计较身边的这点事，我还能关心什么？在阳光底下，烛光的摇曳微不足道；在大海面前，被风吹皱的一池春水又算什么？可是当理想的阳光和等待远航的大海缺席时，烛火的微微摇曳和池塘中的小小波纹就能成为扰动心情的闪电和惊涛，心境也就失去了本该有的明媚和辽阔。李商隐有句名诗：“不知腐鼠成滋味，猜意鹓雏竟未休。”凤凰志趣高远，小小一只死老鼠根本不入其眼，当然不会为它而烦恼。可是，如果我是一只根本不想飞翔的爬行动物呢？

有部日本电视剧，故事很无聊，可主人公的一句话却被我牢牢记住了：“人生是没有彩排的，每一天都是现场直播。”我们在无意识当中会有一种倾向，以为人生会有直播的那一天，所以平时常常放纵自己。其实一生就在

“平时”中度过，每一天都不可重复，每天都同样重要。珍视时间，设定目标并努力地坚持去接近它，这就是30岁的我。不再需要豪言壮语，更不会轻言放弃。至少在目前，我还不甘心仅仅成为电影《猜火车》（*Trainspotting*）开头旁白中说的那样：“选择生命，选择工作，选择职业，选择家庭，选择可恶的大彩电，选择洗衣机、汽车、激光碟机，选择健康、低胆固醇和牙医保险，选择楼宇按揭，选择你的朋友，选择套装、便服和行李，选择分期付款和三件套西装，选择收看无聊的游戏节目，边看边吃零食……选择你的未来，选择生命。”我知道它说得很真实。可如果你说生活只能这个样子，那我不相信。

我与外语的错乱恋情

我曾经野心勃勃，想精通几门外语。从十几年前发狠背英语单词开始，我一直没有放弃这一野心，但也从来没有得逞。对于学外语，我可能正在陷入某种可悲的境地，那就是：“活到老，学到老，学不好。”十几年来，我与外语之间似乎在进行一场精疲力竭、混乱不堪的恋爱，这一过程恰好见证了我青年时期的浮躁、焦虑、脆弱、虚火过旺和杂乱无章。我想，正是学外语这件事情，让我明白自己其实远未成熟，而是被拖入了一个“无限延长的青春期”。

读大学时，英语过了四级就可以选修一门“二外”，我不知出于什么动机，选修了一门日语。上课第一天，教室里座无虚席。教师是一位很像日本人的老头，却并没有为如此“火爆”的场面所动，而是冷冷地说道：“我可以跟你们打赌，从下个星期开始，这个教室里的空座位会越来越多，到期中时，有一大半人会溜号，到期末时，在座诸君中最多有四分之一的人会来参加考试，不信你们等着瞧。”听到这番话，我们大家都哄笑起来。当时我想，也许你说的是不错，但我一定会坚持到底。可是，一切都如那位老师所料，中途开溜的人逐次增加，等我刚刚把“五十音图”背熟不久，因为几次没交作业，没记单词，想想即使去上课也听不出什么名堂，我就开始旷课了，旷了几次课，心劲一松，遂彻底放弃。我与日语的短暂缘分就此结束。

然后开始学德语，并进入了与之若即若离、似分似合的漫长的暧昧时光。每一次都是蜻蜓点水，浅尝辄止，每一次都是虚情假意，始乱终弃。既没有进入缠绵悱恻一日不见如隔三秋的热恋状态，也没有达到耳鬓厮磨几分亲密总在心头的长相守境地。一开始总是激情四溢，心里想着“这一回是真的了”，可是过不了多久，又泄了气。大三时在学校里上课，与日语的命运差不多，才学会几句“古登塔格”等问候语，就被其复杂的性、数、格搅得满脑柳絮，灰溜溜地当了逃兵。

毕业后几年，想起当年对德语的痴情，又心生不甘，发誓要拿下，加上当时晚上颇为无聊，一冲动就按照广告所指到一所业余学校报名学德语。那位老师也是一个老头，他在上课第一天笑眯眯地对我们说：“在这么一个春风沉醉的晚上，诸位不去西湖边谈恋爱，却到这里来学习枯燥的德语，一定都是有志青年，希望大家能坚持到底。”可是我真的闹不清后来发生了什么事，反正是没有学完。钱白交了也就罢了，主要是我对自己的毅力产生了深刻的怀疑。我怀疑自己是不是有心理问题，是不是进入了一种类似“习惯性流产”的循环。

总是不甘。两年以后，我又一次厚着脸皮坐进了德语班。我有位朋友在附近大学里攻读博士学位，恰好他也需要学习一门“二外”，于是我们决定一起学德语，并且我们还信誓旦旦地说：“谁也不许中途放弃，谁不坚持到底谁就是最差的中国男人。”课都是在早上，我要上班，但在激情驱使下，我觉得自己能克服。但时间很快就将激情冷却，并且证明了我与那位朋友都是“最差的中国男人”。书还是崭新的，同学还是陌生的，座位还是冰冷的，语音还是蹩脚的，可是我与德语之间缔结的海誓山盟却已然被背弃，这一次注定又是一段无疾而终的“露水姻缘”。

说起来自己都觉得可笑，因为时光到了 2000 年，我最后一次召集起内心里残存的激情，报名参加了一个德语短训班。那一天报完名以后，我顺便到学校书店里转转，一口气买了 20 多盒德语、英语磁带，买了一大堆外文原版书，其中甚至还有几本是德语小说。书店老板皮笑肉不笑地说：“看来你是要一举攻下英德两国了！”我不置可否地笑笑，心里想着：“这一回是真的，这一回是真的……我得对得起我花这么多钱买的书啊！”

然后是上课。每周三个晚上，风雨无阻。经常找出时间复习，背单词，记语法，做练习。时值冬天，每天上完课骑着自行车回家，心里感觉特别充实。但是，一学期的短训课程很快结束了，我只是学到了一点德语的皮毛，或者说只是闻到了一点“德国情人”身上的气息，就得与它说再见了。本来，我应该继续自学下去，可是，惰性又一次占了上风。每天我都看到那两本德语书和那一大叠磁带静静地躺在书架上，我感觉得到那上面的灰尘里满是嘲弄的意味，可我就是不想动手拭去灰尘，打开曾经熟悉的书页……

学英语对我来说也是一段不堪回首的惨痛经历。时学时辍，时热时冷。上过学费较贵的外教口语班，可每次赶去上四十元一次的课仿佛只是在尽义务，让自己产生没有浪费钱的错觉。也去过著名的新东方学校，住在北京城外妙峰山脚下的旧房子里，恍惚回到了学生时代，可那段时间对我而言只不过像一次难得的人生体验。在到处都是考托福考雅思的年轻人中间，我感觉自己是个局外人，因为我并没有明确的出国打算。一个月下来，英语没有什么长进，倒是记住了新东方那句著名的校训："追求卓越超越极限，从绝望中寻找希望，人生终将辉煌。"

说起来，真的是有点绝望了。前一阵子，为了考试，我又翻开了大学时、毕业后多次试图背过的一本单词书，可是我画线的痕迹却只是停留在"B"的最后，而那上面所注的时间赫然是整整十二年以前！我的心里忽然产生一种尖锐的痛楚，那是来自时间这无情之剑的痛楚。十二年的黄金岁月如在一瞬，生命就如此无端消耗在一次次没有结果的折腾之间。其实，那一次次像钟摆一样的振作与随之而来的懈怠，损耗掉的远不只是时间，更可怕的是，它将从根本上摧毁对自己的信心。

记得国外有位教授对他那些懒洋洋的学生说过一句令我印象深刻的话——Boys，be ambitious！（小伙子们，要有雄心啊）每当想到这句话，我心底里总会产生些许豪情，感觉自己应该努力，应该奋斗，应该有远大志向。可是在做了许多年的无用功，也不知不觉迈过了而立之年的门槛后，渐渐明白，在个人发展之途上，志向是需要的，激情也是可贵的，但更重要的是那种似乎毫无意趣的日常式坚守，是那种在寂寞中咀嚼平凡乃至单调的耐心和勇气，用鲁迅的话来说，不需要震骇一时的牺牲，更需要长期的韧性的战斗。记得有人说过，学习是一场针对遗忘和惰性进行的搏斗，非常不幸，我在这场搏斗中屡战屡败，屡败屡战。

唯一的安慰是：从现在起，重新开始，也许还来得及……

我们这个时代的感动

现在好像是一个动不动就被“感动”俘获的年代。打开电视，俗滥电视剧里唯美到虚假的爱情台词会打动你，音乐催情之下主持人的煽风点火会感染你，而特写镜头里一张泪流满面的脸孔也可能轻易打开了你泪库的阀门。有时候，人会为自己的感动而羞愧。出于对理性和意志力的崇尚，情不自禁的放纵会使人有一点点厌恶自己。感情的动荡和溢出总是自制力的失败，眼泪总是被看成不争气的东西。所以，当被感动时，一些人会咬紧嘴唇希望能克制那要命的冲动，会拼命地要扭过头去，不想让别人看到自己泄露出来的脆弱。甚至，还会虚张声势地嚷嚷“干吗呢干吗呢”，为的就是避免被那种过于刻意的煽情术所算计，为的就是要逃离那一个名叫“感动”的陷阱。一个被感动得涕泗横流的人往往显得笨拙而又善良，他的心理防线已不复存在，门户大开，只能束手就擒。

从最原始的意义上说，“感动”就是一种感情的冲动，在这种冲动的袭击之下，一个人把平时包裹得严严实实的“自我”彻底地交了出去，内心基本处于无保留的状态。所以可以这么理解，感动是对于洁净本心的一次发现，在盈盈的泪花里可以看到裸露的良知，那也被称为“赤子之心”。然而，今天似乎席卷天下的感动，内涵丰富却又难免歧义丛生，因为它们往往是大众传媒文化发射的“催泪弹”遍地开花的结果。“爱”是做出来的，“感动”也是人为制造出来的，制造者很清楚，引发感动需要哪些要素、什么配料。有人生产感动，有人则期待着消费那种被感动的快感。因此，面对被策划出来的、大批量生产的快餐化“伪感动”洪流，我不得不心存几分警觉和戒备。

但是真诚的“感动”本身又何辜呢？感动不是怜悯，不是同情，不是伤感，不是自恋，不是媚俗，不是表演。感动是真情的涌动，是灵魂的自我审视，是设防的精神要找到共鸣，是蓄积的心理能量在寻觅释放的路径，是被冷落得太久的良知在期待着重见天日。大病初愈的人，可以为春天的鲜花而感动；身处绝境的人，可以为峭壁上的一棵小草而感动；消除误会的人，可以为亲人默默的呵护和付出而感动；穿越了漫长的黑暗甬道的人，可以为久违的第一缕阳光而感动……当然，再平庸的人，也可以为那些我们并不具有的至善和大美而感动。所有能唤起我们感动的东西，都寄寓着生命所能达到的高度和强度，代表着这个纷扰的凡俗世界依然存留的希望。

感动与善良是孪生兄弟。它们都有着一副虚弱的表象，就像陀思妥耶夫斯基笔下的那位梅什金公爵（《白痴》），纯洁善良却柔弱得如同“白痴”，又像《天下无贼》里那个“裸露的良知”傻根，从里到外毫不设防。在“丛林法则”大行其道的环境里，感动是一桩奢侈的事情，那里流行的角力，是斗智，是比谁比谁更狠、更冷漠，是赌谁比谁更酷、更绷得住。也许你还在那儿嗟叹垂泪呢，有人已经在那儿窃笑你的“傻”了。但是社会永远都不应该成为那样的丛林。正如向善的浩然正气并非软弱的同义词，纵情的感动也不是生命力萎靡的表现。恰恰相反，感动本身是精神之树依然健康壮硕、生命力仍然奔涌澎湃的见证。如果我们还会感动，那是因为我们感动的机能还没有坏死，我们心里还存有对于爱、对于善、对于美的渴望，并且还没有丧失掉基本的判断力。或者说，我们情感的库存还没有枯竭，水位还比较高，一有感应即汩汩而出，洗去蒙蔽于良知之上的灰尘。

在荒凉之地挣扎着改变现实的志愿者徐本禹，身份卑微却能舍身救人的打工者李学生，用血肉之躯挡住汽车保护孩子的教师殷雪梅，在不公正的环境里仍然以“古君子之风”授课育人的讲师晏宏才……他们引发了一波又一波感动的热浪。这样的感动不可低估，但同时，一味地把苦难美学化也是不道德的，视感动本身为终极追求或收藏眼泪则类似买椟还珠。感动是向着光明的，但它的背影里会有一抹苦难的灰色，感动的后面常常拖着牺牲的背影。经历这样的感动，体验到的绝不是廉价的快感，更不是什么幸福的战栗，而是一种难言的苦涩和疼痛。感动的积极意义就在于此：经由感动，我们看到了绝望中的希望，感受到了存在的勇气，聆听到了良知的召唤，并且获得了行动和改善的力量。

在感动的热泪里，我们保全了人世间关于善良和美好的最后约定。

幸福的尺寸

4 岁的时候，你会为得到一颗糖果而快乐；14 岁的时候，你会为某次考试得了全班第一而兴奋；24 岁的时候，你会为得到某位女孩的芳心而狂喜；34 岁的时候，你会为拥有一辆四轮驱动的越野车而得意……而在此之后，一个人生命力的分水岭已开始隐隐呈现，要体验到幸福感可能会变得越来越艰难。“获得或占有”的毒瘾更大了，你不再是个轻易就会满足的孩子。为了挽救或弥补生命力的颓势，往往需要更大剂量的致幻物质。但即便如此，能体验到的幸福感也像头发一样日渐稀薄。

我们用什么来丈量幸福的尺寸？又该到哪里去寻找幸福的配方？

人们总是习惯于把希望寄托在攫取的行动上：更多的财富，更多的性，更好的房子，更高的地位，更大的名声。似乎只有这些才能见证自己存在的价值，才能让自己感觉更安全、更强大。但占有的欲望是没有穷尽的，占有本身总在刺激和催生新的欲望，以及形成对于欲望的欲望。因此只会用外物来丈量幸福感的人常常陷身于一种悖论中，拥有越多，自由越少，行动的空隙越窄，幸福的负累也就越重。用一位哲人的话说，在物质的丛林里，人们不得不去体验“此处的失望与荒芜”。

你多久没有体验到幸福的时刻了？自从上次你被赐予清新的晨梦，欣喜于那次美丽的相逢，快慰于那次远游的冲动，陶醉于那次创造力的奔涌？当然，还有那天在阅读时或面对自然时经历的审美感动。是什么在逐渐耗尽你生命的本质，让你感到一种无奈和枯竭，生活开始显出需要忍受的丑陋面目？

并不是你在努力地追赶目标，而是目标鬼魅般闪烁的影子在诱惑着你，某种外在的力量在驱动着你，你恰恰是一个被追赶、被鞭打的人。你为你所拥有的而不满，为你无法拥有的而心烦意乱。在这里我忍不住要援引刘小枫在《沉重的肉身》一书中说过的两句非常精辟的话："如果既觉得一种生活不可忍受，又觉得另一种生活不可企及，就是一个人对幸福的想象太过分了。"这种"想象"折磨着你，令你感受到倦怠和虚无的双重煎熬，品尝到类似宙斯之子坦塔罗斯的痛苦，他被罚永远站在水中，水深及下巴，上有果树，当他想喝水时水即退去，想吃果子时树枝即升高。这是一种可怕的沉溺和囚禁，溺于虚无，囚于欲望。

再傲慢的人也不会拒绝幸福。再现实的聪明人也要算计幸福，他们可以鄙弃一切，但仍然尊重甚至崇拜快乐的价值。只不过他们把希望寄托在了错误的地方。他们成为拜物教的信徒，也必然成为幻觉的牺牲品。他们对于幸福的想象总是很过分，膨胀地以为"尺寸"总是越大越好，于是也总是陷于无法达标的窘境。他们"分分秒秒计算着幸福"，可惜却与之背道而驰。借用一位女学者的话说，这些人"寻找不出自己真实的出发点，寻找不出自己的地平线，寻找不出自己作为一个人的恰当比例，他们把自己嫁接在各种各样的外部力量上了"。

幸福是无法计量的，也不存在一个现成的配方。没有一个公式或程序可以算出幸福总值。物的叠加和累积有时候非但毫无意义，甚至会成为幸福的负数。你可以说一个开着宝马车的人比一个骑自行车的人更神气，但你不能说前者比后者更快乐。宝马车可以有更快的速度和更大的机械动力，但驾车的人未必拥有生命的切实推进感。几乎所有人都在谈性能，谈动力，但从最根本的意义上说，借助于外物的动力或性能是虚幻的，那种力量感是不可靠甚至背离生命本身的，它的来源非常可疑，就像是运动场上的兴奋剂，或者，辉瑞公司的产品，或者，类似一个虚张声势的假肢。

但是还有人迷信于幸福的计算。电影 *Along came Polly*（《遇见波莉》）中，有个家伙是个风险评估师，他已经习惯于用电脑软件分析生命中的很多事情。当他面临着如何在两个女人中间做出选择的问题时，他求助于一个很高明的电脑程序。把两个人的优点、缺点之类的资料全盘输入以后，电脑会给出哪个风险更低，因此也可能是更幸福的百分比。可是那个被选择的女人受不了啦，因为，真实的、带着体温和心跳的人消失了。谁愿意自己被解剖成一堆数字呢？

如果一定需要找到什么“幸福指数”，那么唯一可能的答案就是：爱，自由，创造。只有这几个本质性的关键词能丈量幸福，能够诠注真正的快乐。对我来说，它们也就意味着那样的感觉：相逢的欣喜，飞翔的快慰，审美的沉醉。

幸福的尺寸本是无所谓大，无所谓小的。这正像脚上的鞋，穿着合适也就可以了。童年的尺寸是一颗糖果的甜蜜，少年的尺寸是一个眼神的鼓舞，青年的尺寸是一个拥吻、一份自由、一颗创造的心。在此之后，你的脚丫已经不再长大，你鞋子的尺码已经固定，所以，请逗留于爱、自由、创造力所赐予的陶醉之中，没有必要不切实际地追求量的扩张。因为，“人不能把握自己的幸福，都是因为超出了自己的双足所占的地面尺寸”。

一生中最重要的约会

漫画家魏克有幅作品，画面上是一台钟，钟面上的时间刻度已经剥落，甚至被“水”冲掉，耐人寻味的是魏克的两句话：“时间并没有流走，流走的是我们自己……”

“人生到处知何似，应似飞鸿踏雪泥。”一次次地提醒我们生命的流逝的，常常是过去留下的许多痕迹。比如，一片夹在书中的枯黄的树叶。比如，记忆里一场漫天飞舞的大雪。那样的记忆雕刻着时光，使之呈现出一种似乎可以触摸的质感，而岁月的锋镝又雕刻我们。

读书，就是我的时光刻刀，岁月之刃。

心中产生“撕裂感”，往往是在一个人夜读之时。我有个习惯，每次买了一本书后，都喜欢在扉页写上日期以及购书之城；而在读完一本书后，同样要写上日期，并且一般会应时应景或结合当时的心境信笔涂上几行字。比如，我现在随手抓过一本唐德刚的《晚清七十年》，就发现在书尾写着“百年望海潮，千秋忧河殇”。在王晓明著《无法直面的人生——鲁迅传》首页是这么写的：“相逢一醉是前缘，飘然何处风雨散，奈何？奈何？”而在书末则涂写了苏东坡的一句词：“欲待曲终寻问取，人不见，数峰青。”在纳博科夫自传《说吧，记忆》中却写道：“译笔不行，还是读原文吧。”在《了不起的盖茨比》中则引述了一堆句子以表达当时心绪：“笙歌归院落，灯火下楼台”“苍凉之雾，升起于人性的港湾”……如此涂抹，不可胜数。点点滴滴，都见性情。“此情可待成追忆，只是当时已惘然。”

时间已经把我带到了今天，可是过去的生命信息依然存留。有智者说，如果人在两种语言之间，会产生被撕裂的感觉。事实上，只要活着，只要感觉到自己活着，谁也无法逃脱这样的断裂和绵延。断裂是因为今昔的鸿沟无人能跨越，绵延是因为时间就是这样浑整全息地创造着我们，直至永远。

我的生命消融在书页之间，所以每次当我面对那些曾经在夜灯下、在被窝里、在火车上、在一次次临睡前亲近过的书籍时，总会生出一种别样的温情，我感觉那些日子就在眼前，包括当时的环境、气候、心境。当年热烈的生命凝固在书中。打开它，一切尽皆呈现。亨利·詹姆斯的小说《贵妇画像》英文版厚达六百多页，我断断续续读了两年，其间不断搬家，换了三次住处。打起精神读完此书，是一个春天，在一处破败的老房子里。那时候除了读书，好像没有别的打发时间的方式。无限春光，都与我无关。随手翻到这本书某处，我看到了这么几个大字："寂寞的时光!"并且用半通不通的英文写着："我被春天囚禁。"翻开此书，我仿佛还嗅到了当时窗外阳光的气息。

我读了许多外研社和企鹅版的英文小说，当然还有更多的"诗性思想家"的作品，比如爱默生、梭罗、赫舍尔、克尔凯郭尔、雅斯贝尔斯、加缪、尼采、舍斯托夫等人的著作，我也是从那时候起在心性上亲近"人类困境中的审美精神"的。在那些寂寞的日子里，它们是除了《鲁迅全集》之外，我不忍舍弃的精神家园。那些文字与困守一隅的我一样孤独，也许与我一样期待着被发现和理解。一种孤独必须以另一种孤独来安慰和宽解。有一年冬天，当我又一次宿命般地放弃了向自己的目标迈进后，心境无比苦涩。那一年的春节，我的家乡下着很大的雪，我读着弗罗姆《爱的艺术》，感受到一种少有的哲学的安慰。也读到了蒂利希《存在的勇气》，理解了勇气是"承担焦虑的能力"。我明白了一个真正强大的人，是一个能够给予的人、能够承担诺言的人，因此也才是一个懂得爱的人。那些寒冷的夜晚是多么值得回味啊，美丽的雪花飘落在家乡屋顶上，寂静无声。

我知道人生中总有各种因缘促成自己倾向于何种存在方式。我的生命无法与读书分离。我曾在自己一本随笔集《忧郁的享受·自序》中写道："我迷恋于一种享受，那是深夜灯光下的夜读，那是暂离喧嚣的独处，那是相拥文字的曼舞，那是想象力的游牧。"毕竟一段韶光，和着许多体验，毕竟青春时期的无数冲动和梦想，都留驻在书中。从某种意义上说，书页之间留下的痕迹，不只是我的脚印，它们本身就是“我”的一部分。所以我珍惜它们，如同珍惜我自己。

是的，我记得所有经历过的苦涩岁月，那些书见证了我内心的骚乱和绝望。我记得无数个美丽的黄昏和宁静的夜晚，读书成为我一生中最重要的约会。岁月如流，但是我记得，那片夹在二十多岁人生读本里的杉叶，就像青春已经泛黄，激情却仍然保持着火红的底色。我记得每一位有幸对晤的著者，他们生动的思想，文字被唤醒的瞬间，以及我如同雕刻在时间肢体上的痕迹。

那些闪亮的青春碎屑

如果把在职读书的经历刨开，我离开校园已经有 20 多年了。虽然在校时功课和人缘都还算不错，但我得承认自己的校园生活过得相当平庸。偶尔回望，乏善可陈。从未在运动会上大显身手，没有在联欢会上展露风采，反倒在只参加过一次的学校演讲比赛上出过丑：脱稿演讲了没几句话竟然忘词，只能在全场观众的哄笑声中，从口袋里掏出皱巴巴的稿纸，厚着脸皮磕磕绊绊地念完。

时光会轻易地抹平当年在学业成绩上所具有的优势，那时候每一分都似乎重如泰山的分数后来已轻如鸿毛。在岁月的河流上凸显出来并且标识着更高价值的东西，大多与功课无关。同学聚会时所谈论的，是谁百米冲刺时的身姿很销魂，是谁第一个拥有了一把吉他，是谁在深夜把谁背到了医院，是谁寒冬里还光脚穿着一双拖鞋，是谁给谁递了纸条而谁又把纸条交给了老师……成绩不错但个性模糊的人慢慢开始隐退为背景，就像退潮后被晾在沙滩上偶尔动弹一下的小鱼。

记得有位哲学家说过，一个人真正从学校里收获的知识，是把书本和笔记里的内容都忘掉以后所剩下的那点东西。这是确实的。我早已记不得赤壁之战发生在公元哪一年，但记住了老师发出过的那一声随性的感叹：“曹操是个人才，呵呵呵呵!”连他的音调表情至今都宛在我的记忆里鲜活着，那阵奇异的大笑颠覆了小时候连环画教给我的三国史观。我这个高考数学满分的人也已完全不会做一道简单至极的中学代数题目了，但我还记得老师顺嘴说的一桩事：古希腊有位发现无理数的数学家居然被同行扔到海里淹死了！我当时体验到了一种强烈的震悚之感，原来在人类认识世界的帷幕上掀开一道窄窄的窗缝也要付出生命的代价，原来恐惧和嫉妒可以比蒙昧更加残忍。

你若问我学生时代最喜欢哪门功课，我可能一时答不上来。我只知道我热爱会跳出教材说一些“闲话”或题外话的课堂。我最不想听到的是老师一进教室就清清嗓板着脸说出“翻到课本第 N 页”这句话，那时我的心底总会发出一声失望的哀叹，因为此话意味着这堂课上我咂摸不到什么书本之外的趣味了。钱锺书有一本《写在人生边上》的书，是“不慌不忙地浏览”后，随手在人生这本大书边的空白处留下的痕迹。我也总希望能够在压力重重的中学课堂边上、在刻板枯燥的教科书的边上，读到一点甚至留下一点不拘形式的批注。那点痕迹表明我真的曾经历过学和思的事。顺便提一句，我现在的读书习惯也的确如此，但凡用心读过的书，书页空白处多有胡涂乱抹。

说起来每位老师与学生之间的相处时间也不算少，但若干年以后倘若还能有只言片语留存于学生深深的脑海里，则已可额手称庆了。我曾在一次老同学小聚会上，提议让每人搜索记忆中老师讲过的一句话并与大家分享，结果发现它们几乎全是针对学生个体的褒赏、勉励或批评之词。“你会下围棋，智商高，数学一定能学好!”“你的作文稍做修改甚至可以公开发表!”这些富含积极意义的话从正面牵引着学生向前发展。“历史，想考不及格挺难的，没想到你……”老师沉痛的语气显然刺痛过某位学生的心。“嫌我的圆画得不对称？你的脸长得才不对称!”“在走廊里窜来窜去，像个猢狲一样!”这些来自老师的怒斥无疑在学生心理上造成过创伤，从而加固了他们的记忆，并且以自己的方式塑造着成长的可能性。

这些话，无非是学校生活中的一点“碎屑”。可是，瞧，影响人生至深至远的，未必是被翻得滚瓜烂熟的教科书，未必是课堂上精心准备的长篇大论，而恰恰是这点微不足道的碎屑、这点貌似不经意的边角料。

我还捡拾起了这么一点时常飘浮在岁月时空中的碎屑：有位老师对学生提要求，希望学生在毕业后能够坚持每年好好地、贴骨贴肉地读一本书。听到老师的希望后，同学们全笑了。没法不笑，这个要求太低了。一年一本书？简直是蔑视我们的智商、求知欲以及意志品质，我们的年阅读量至少要以十倍计！可是事实证明绝大部分同学都高估了自己。毕业二十年后的聚会上，老师让每位学生说出自己每一年精心阅读过的书籍，遗憾的是，全班没有一人能够把 20 个书名完整地报出。

当然，学生的课外事也是重要的。回望自己的中学时代，与语言留下的印痕相比，场景所唤醒的记忆更为生动和深刻。尽管整天埋头于书册，那时候溢出课堂或校园的活动屈指可数，但因为场景本身所具有的诗意的美学形式和蕴含着的情感体验内容，它们在穿越了几十年后仍然散发出美好的意味。

比如，一次全班的远足和野餐，被熊熊篝火映红的同学脸庞和被烟熏得流泪的狼狈之状，至今想来还是那么亲切，而那个傍晚好不容易煮熟的清汤挂面也成为一生中念念不忘的美味。

比如，地理老师带着我们到山上实地考察岩层结构，“俯察品类之盛”，感知大地和历史的厚重质感；还带着我们到大操场上仰望星空，辨识星座，“仰观宇宙之大”，在巨大的坐标系中体味无限的苍茫和个体如同尘埃般的卑微渺小，进而萌发出敬畏心和崇高感。

我很感念那些让我们有机会与大自然亲密接触、同时还能以另一种眼光看待同学的老师，他们其实有着一份未被考试和分数啃食殆尽的浪漫情怀。因了这份未泯的情怀，我们的中学生涯才不至于苍白和干瘪得不堪回首。

流转的时光留下了些许碎屑，课业的缝隙里漏出来几道灵光，我们有必要对它们进行意义补偿和价值追认。因为它们的存在，我才可以如此这般地爱抚自己的过去，不谏往者追来者。就像我曾经写过的那样：那样的记忆雕刻着时光，使之呈现出一种似乎可以触摸的质感，而岁月的锋镝又雕刻着我。

寄一束阳光给你

走进办公室，发现桌子上静静地躺着一封信，有点好奇：这年头，谁还写信啊？大概又是邮寄什么印刷品的吧。拆开一看才知是私人信件。

信是日本大阪大学的一位教授写来的，就在不久前刚访问过中国，他在杭州的部分行程是由我安排的。然而，当他在两所高校做了演讲以后，我却接到紧急任务要离开杭州前往四川地震灾区采访，接下来他们的游玩我没有办法奉陪，只能中途撂下他们。在我与他们告别时，教授夫人特意送给我一件小礼物：一块著名的京都西阵织的手帕。

“杭州一别，您一切都安好吧。想必您已经从四川平安返回杭州了吧。我们已于六月三日回到了日本。此次中国之行承蒙您细心周到的安排与盛情的款待，感激之情不胜言表。真心希望能与您再次相见，并衷心祝愿您与家人幸福平安、快乐永远。”八行笺上，是这么简单的几句话，竖写的手书体，带着个人的生命的痕迹，让我感到亲切。信有两个版本，一个是教授本人用日语写的，另一个是教授的中国留学生用汉语翻译的。

教授有我的电子邮箱地址，完全可以用英文随便写几句客套话发过来的。但他却要费这么多事儿，特意要把一份简单的感谢之意用日文写一遍，再翻译加工一道，然后空运过来。虽然暗暗觉得日本人有点太认真，好像过于繁缛过于郑重了，但是坦率地说，在那一瞬间，心里觉得很受用很愉悦。因为我知道，这是他表达自己诚恳的一个小小仪式。尽管杭州这段时间几乎一直在下雨，但我的心情似乎因为这么一封普通的信件而变得明亮了许多。

前两年我还接待过来自意大利热那亚的一位艺术史学者及其家人。我们坐在西湖游船上品茗看景聊天，到灵隐寺感受中国佛教文化的香火缭绕，到茅家埠喝茶并品尝别致的农家风味，到一条陋巷吃千岛湖鲜美的鱼头，还到河坊街去欣赏稍显喧闹的中国民间文化风情……

然后他们走了，然后，过了半个来月吧，我忽然收到一个来自意大利的邮包，里面是一本介绍热那亚这个城市的画册，画册里夹了一封信，信里面同样也是郑重其事的感谢。随着邮包寄来的还有一条“阿玛尼”领带。真正让我心生感叹的是那领带的包装外面别着的一样东西—— 一束金灿灿的麦穗！

一束麦穗就是一束阳光。从这束麦穗里我感受到了意大利人骨子里的那种热情和浪漫，不免令我想起古人的一句诗：“折花逢驿使，寄与陇头人。江南无所有，聊赠一枝春。”我想，他们打这个包装的时候，一定也是费了不少心思的。说得矫情一点吧，当这一束带着亚平宁半岛和地中海阳光气息的麦穗，跨洋过海到达我的手上时，我真正领会到了他们诚挚的心意。因为我不穿西装，已经把领带送给别人了，但那麦穗至今还在我书架上待着呢。

生活在忙碌而现实的世界上，我们已经遗失了太多的美好。我曾与朋友感叹，当代中国人之间的交往，尤其在情感的往还方面，似乎越来越粗疏，甚至越来越粗俗了。书信没有了，顶多一个电话或电邮，连手机短信也大多是批量预订或者群发了；形式感不讲究，仪式感被忽略，细节也懒得花心思去琢磨了，什么都是大而化之，什么都是大呼隆；礼物倒是越来越实在，越来越以金钱衡量其贵贱，但其中凝聚着的心意则越来越淡，包含着的情感价值越来越少。事实上，无论是在朋友之间还是亲人之间，真正值得珍藏于心的，应该是那片投入了感激、祝福、问候、牵挂等诸多元素的情怀。这样的情怀，总是躲在一些看似平常其实极其用心的举动和话语背后。

还记得有一年冬天最阴冷的时候，我收到过一位朋友从海南岛寄来的明信片。在明媚的亚热带风光的背面写着：“我把阳光快递给你！”这一句话，带给了我长久持续的温暖。